Klaus-Peter Vosen

Mit allen Sinnen der Seele

Klaus-Peter Vosen

Mit allen Sinnen der Seele

Impulse zur eucharistischen Anbetung

benno

Für Paul, den kleinen Kämpfer,
der in dem Sommer geboren wurde,
als der größere Teil dieses Buches entstand.

Bibliografische Information der Deutschen Bibliothek
Die Deutsche Bibliothek verzeichnet diese Publikation
in der Deutschen Nationalbibliografie;
detaillierte bibliografische Daten sind im Internet über
http://dnb.ddb.de abrufbar.

ISBN 978-3-7462-2281-3

04159 Leipzig, Stammerstr. 11
www.st-benno.de
Einbandgestaltung: Ulrike Vetter, Leipzig,
unter Verwendung eines Fotos von picture-alliance/Godong
Gesamtherstellung: Kontext, Lemsel

Inhalt

Vorwort

Das Lebkuchenherz, das sich Jungverliebte auf der Kirmes schenken und umhängen, die herzförmige Pralinenschachtel, die Freude zum Muttertag oder Valentinstag bereiten soll, das in die Rinde eines Baumes hineingeschnitzte Herz, das die Initialen der Angebeteten trägt – all diese Dinge möchten auf ein Urbedürfnis des Menschen antworten: Wie sehr sehnt er sich danach, dass Herzen sich ihm schenken und auftun! Und doch hat er selber oft ein „schwaches" Herz. Sosehr er darauf bedacht ist, geliebt zu werden, sowenig ist er manchmal selbst bereit und fähig, wahrhaft zu lieben, Liebe zu geben, die im Opfer konkret wird. Das Lebkuchenherz bleibt allzu häufig – auf längere Sicht zumindest – ein uneingelöstes Versprechen ...

Es ist auch wahrhaft nicht leicht, zu lieben, wenn Liebe christlich verstanden wird als etwas, das naturhafte Körperlichkeit oder anfanghafte Begeisterung übersteigt. Dabei brauchen Mensch und Welt nichts nötiger als die starkmütige christliche Tugend und Übung der Liebe – nicht nur in Freundschaft, Ehe und Familie, sondern in allen Bereichen des menschlichen Miteinanders.

Um einer ständigen Überforderung seines Herzens zu entgehen, bedarf der Mensch der Herzstärkung. Genau um diese bittet er, wenn er sich im Gebet an Jesus Christus wendet mit den Worten: Bilde unser Herz nach deinem Herzen! Wo unserer armen menschlichen Liebe die Luft ausgeht, vermag uns die gottmenschliche Liebe Christi, dargestellt im Symbol seines Heiligsten Herzens, langen Atem und sicheren Schritt zu verleihen.

Sicher ist die Herz-Jesu-Verehrung mit einem gewissen geschichtlichen Ballast an Süßlichkeit und Verniedlichung behaftet, der im 19. und 20. Jahrhundert angehäuft wurde. Er machte aber nie die echte Substanz dieser Frömmigkeitsübung aus.

Die Heilige Schrift bietet die ersten Anhaltspunkte des Herz-Jesu-Kultes, vor allem, wenn sie uns Jesu Wort überliefert, dass er sanft und demütig von Herzen sei, und wenn sie berichtet, wie am Opferholz von Golgotha das Herz des Erlösers von der Lanze durchbohrt wurde. Die Kirchenväter und die deutsche Mystik des Mittelalters haben die biblischen Ansätze weiter bedacht und sie – im Einklang mit der Offenbarung – weitergeführt. Als im Frankreich des 17. Jahrhunderts die Bewegung des Jansenismus den Menschen ausschließlich den strengen, richtenden Gott predigte, erschien Christus selbst der heiligen Margareta Maria Alacoque und ermutigte sie und ihre Zeitgenossen, vor allem an seine Liebe zu glauben. Die furchtbaren Kruzifixe der Jansenisten, die Christi Arme steil zum Himmel erhoben zeigten, Arme, an denen sich kein armer Sünder festzuhalten vermochte, wurden mehr und mehr wieder ersetzt durch die Bildnisse eines Gekreuzigten, der in Liebe ein ganzes Universum umfängt. Urbiblisches Vertrauen auf Gott trat wieder an die Stelle der Angst vor ihm.

Die Verehrung des Heiligsten Herzens ruht also nicht nur auf soliden Fundamenten, sondern unterstreicht auch innersten christlichen Glaubensgehalt in heilsamer Weise. Verständlich ist deswegen, dass der selige Papst Pius IX. 1856 das Herz-Jesu-Fest auf die ganze Kirche ausdehnte. Wir feiern es am Freitag nach dem zweiten Sonntag nach Pfingsten.

Um den Sinn und echten Nutzen der Herz-Jesu-Verehrung der heutigen Zeit in weiterem Umfang wieder anziehend zu machen, ist der Rückgriff auf eines der besten Herz-Jesu-Gebete überhaupt, die Litanei vom Heiligsten Herzen, sinnvoll. Deswegen werden im Folgenden Meditationen über die 33 Anrufungen dieser Litanei vorgelegt, von denen viele von dem französischen Jesuiten Jean Croiset (1656–1738), einem Briefpartner der heiligen Margareta Maria, formuliert wurden. Mindestens materiell finden wir die meisten dieser Herz-Jesu-Rufe schon bei der heiligen Gertrud von Hefta (1256–1301/02).

Ihre starke Bezugnahme auf die Heilige Schrift macht die Herz-Jesu-Litanei besonders kostbar. Vielleicht ist das kleine Buch manchen eine Hilfe, am Ende ihres Lebens froh bekennen zu können: „Wir haben die Liebe, die Gott zu uns hat, erkannt und gläubig angenommen" (1 Joh 4,16a), sie war unser Leitstern, der uns unser Leben bestehen half.

Nirgendwo könnten diese Betrachtungen zur Herz-Jesu-Litanei einen besseren Einsatz finden als bei der (privaten oder gemeinschaftlichen) Anbetung des Allerheiligsten, die seit dem Weltjugendtag in Köln 2005 wieder von so vielen geschätzt und geliebt wird. Wenn Herz-Jesu-Verehrung ihn selbst meint in seiner Liebe zu uns – wo ließe sich schöner über diese Liebe meditieren als dort, wo er selbst wahrhaft zugegen ist, vor seinem Angesicht? Mögen viele Gebetsgruppen und einzelne Christen hier geistliche Nahrung finden.

Köln, Ostersonntag, den 8. April 2007
K.-P. Vosen, Pfarrer

Cor Jesu, Filii Patris aeterni –

Du Herz des Sohnes Gottes

Diese erste Anrufung der Herz-Jesu-Litanei ergibt nicht nur mit der nächstfolgenden zusammengenommen gewissermaßen das kirchliche Bekenntnis von Nizäa, dass Jesus Christus wahrer Gott und wahrer Mensch ist. Sie ist auch eine Richtungsangabe für uns, die wir die Herz-Jesu-Litanei beten.

„Du, du liegst mir im Herzen", singt das Volkslied. Vieles liegt uns am und im Herzen, und wir sind besorgt um das Maß, in dem wir selber in den Herzen anderer „verankert" sind. Wir sind eifrig um diese Verankerung bemüht, und sicher ist das auch menschlich.

Wenn wir jedoch die Herz-Jesu-Litanei betend betrachten, so mahnt uns deren erste Anrufung, soll es uns einmal nicht zuerst um die „Herzen der Welt" gehen. Einmal will ich nicht angstvoll darüber nachdenken, welche Fähigkeiten mir meine Vorgesetzten zuschreiben. Einmal soll mir nichts daran liegen, ob mein Freundeskreis, meine Kollegen, Bekannten und Nachbarn mich für „cool" und „up to date" halten. Einmal ist es mir egal, ob ich im Wellness-Studio der Modellathlet bin, zu dem alle aufschauen. Einmal geht es mir nicht in erster Linie um die Herzen derjenigen, die ich besonders liebe und für die ich da bin.

Es soll mir zu tun sein um das Heiligste Herz Jesu, um das Herz meines Gottes, so oft vergessen und von mir in den Hintergrund geschoben. Das Herz, das hervorstrahlt aus allen, das mich mehr liebt als alle anderen zusammen es je vermöchten, das mehr für mich getan hat als dem Menschen überhaupt ausdenkbar ist! Das Herz, in dem ich vor allem eingeschrieben sein will, das Herz, das mich ruft, in alle Ewigkeit mit ihm vereint zu sein: das Heiligste Herz Jesu!

Wie können wir es wagen, mein Heiland, vom Kern deiner Persönlichkeit, von dem Heiligsten Herzen überhaupt zu sprechen? Stumpf bleibt ja alle Menschensprache vor dem Geheimnis der ewigen Gottheit. Wie könnte mein Herz, gezeichnet von der Dunkelheit der Sünde, es überhaupt wagen, den Blick zu deinem strahlenden Glanz zu erheben? In Ewigkeit wäre das unmöglich, hättest du uns nicht selber davon Kunde gegeben, dass du sanft und demütig von Herzen bist, und hättest du in deiner Güte uns nicht als deine Brüder und Schwestern angenommen. So will ich nicht aufhören, dich um der Liebe deines Herzens willen zu preisen und darum, dass du mich diese Liebe erahnen lässt. Ich will sie niemals vergessen in den Stunden des Glücks, will sie als Licht erkennen im Grau des Alltags, will aus ihr Kraft schöpfen in allen Leiden. Reiß du mich immer wieder einmal heraus aus dem Getriebe meiner Tage, dass ich mich auf die unvergleichbare Schönheit jener Perle besinne, deren Glanz nicht von dieser Welt ist: auf die Herrlichkeiten deines Göttlichen Herzens!

Herr Jesus Christus,
du hast uns Menschen dein Herz geschenkt.
Dein Innerstes ist Liebe,
hell leuchtend und wärmend
wie ein loderndes Feuer.
Hilf mir,
an diese Liebe stets zu glauben,
gerade dann,
wenn ich müde, entkräftet,
einsam und entmutigt bin.
Und lass dein Feuer
auch mein Innerstes durchdringen –
damit ich ein Mensch der Liebe werde
und sie vor den anderen bezeuge. Amen.

Cor Jesu, in sinu Virginis Matris a Spiritu Sancto formatum –

Herz Jesu, im Schoß der Jungfrau Maria vom Heiligen Geist gebildet

Schwer zu glauben, dass diese Anrufung noch anderes beinhalten könnte als einen Preisgesang auf das Heiligste Herz Jesu, ein Lob des Heiligen Geistes, ein Lied auf die Größe Mariens! Und wenn sie nichts wäre als das, so hätte unsere Akklamation dennoch ihre vollste Berechtigung! Wir müssen uns davor hüten, Gebet zu pädagogisieren. Als bloßer und purer Lobgesang auf Gott wäre die Anrufung schon bedeutsam genug, denn solcher Lobpreis, fern davon, etwas zur Größe Gottes hinzuzufügen, bringt uns „Segen und Heil" (IV. Wochentagspräfation), indem er unsere Gedanken zu dem lenkt, der über uns ist. Dennoch sagt es uns doch noch Weiteres, Wichtiges für unser Leben, wenn wir das Herz Jesu nennen und bekennen als „im Schoß der Jungfrau Maria vom Heiligen Geist gebildet".

Der Mensch kommt sich zuweilen vor wie ein trauriger Clown in der Manege. Der Spaßmacher bemüht sich, einen bunten Ball zu fangen – und verfehlt ihn doch immer wieder. Er ist stolz auf eine rote, weißgetupfte Fliege – und dann fällt sie ihm in einen Farbtopf. Er balanciert über einen Wasserzuber – und stürzt natürlich prompt ab. Die Clownstränen fließen, und die bunte Maske zerläuft. So fühlen sich auch viele in unserer Zeit, gerade in schwierigen Lebenssituationen. Alles und jedes, was man beginnt, schlägt fehl. Es kommt einem so vor, als produzierte man nur Murks. Und die stolze Maske der Selbstsicherheit ist dahin.

In diesen Lebenslagen, in die jeder geraten kann, ist der Hinweis darauf, dass das Herz Jesu dem Fleisch nach im Schoß der Heiligen Jungfrau vom Heiligen Geist gebildet wurde, eine wirkliche Kraft- und Trostquelle. Sicher ist das, was da an Maria geschah, etwas Einmaliges, Unwiederholbares. Aber in gewisser Weise gilt doch auch für uns ein Vierfaches:

– In unserer menschlichen Armseligkeit – das erkennen wir aus unserer Anrufung – kann der Heilige Geist Höchstes bewirken, wenn wir uns ihm anheimgeben. Sicher sind wir dem Wirken des Geistes gegenüber widerständiger als Maria, die ohne Sünde ist. Aber wir können doch Gott unseren guten Willen anbieten, wir können – zumindest in bestimmten Situationen – einmal davon absehen, alles selbst regeln zu wollen, worin sich ja letztlich eine große Selbstüberschätzung ausdrückt; wir können ihn bitten, die Dinge in die Hand zu nehmen, während wir uns bereit machen, mit ihm zusammenzuwirken, auch wenn wir etwas entstehen spüren sollten, das mit unserem Egoismus kollidiert.

– Der Heilige Geist hat im Schoß der Jungfrau Maria etwas Lebendigem Raum gegeben. Auch in uns wirkt und ermöglicht er Leben. Er fördert das Leben der Gnade in uns und lässt aus unserer inneren Dürre und Dürftigkeit Herrliches erblühen. Wie waren die Jünger, mit dem Heiligen Geist beschenkt, am Pfingsttag doch kaum wiederzuerkennen, ein solch lebendiges Feuer ging von ihnen aus!

– Der Gottesgeist ließ die Erlösung im Schoß Mariens Gestalt annehmen. Fern davon, uns selbst immer tiefer in die Niedrigkeiten und Widrigkeiten unserer Alltäglichkeit zu verstricken, können auch wir, geführt vom Heiligen Geist, sogar anderen die Botschaft von der Erlösung ansagen. So ist zum Beispiel durch das soziale Wirken eines kranken Priesters, der schon mit knapp 52 Jahren starb, des seligen Adolph Kolping, einer ganzen gesellschaftlichen Gruppe aufgegangen, was Erlösung bedeutet, die schon hier und jetzt beginnt. Der Gesellenverein war eine der machtvollsten Predigten über die Erlösung während des ganzen 19. Jahrhunderts.

– Durch das Wirken des Heiligen Geistes wurde das Herz Jesu, Gottes Liebe, konkret und anschaulich, und Maria wurde befähigt, ihn, den Heiland, zu den Menschen zu bringen. Christus gelangt durch Menschen zum Menschen, und das geschieht auch heute noch, vieltausendfach. Manche derjenigen, die meinen, sie würden nur Trümmer hinterlassen, sollten einmal überlegen, ob nicht auch sie schon helfen durften, dass Christus zu einem anderen gelangte. Dann hätte ihr Leben nicht nur irgendeinen „Sinn gehabt“, sondern sie hätten vom Besten getan, das Menschen zu tun möglich ist.

Herr Jesus Christus,
im Schoß deiner Mutter Maria
geschah durch die Kraft des Heiligen Geistes
etwas unendlich Großes:
Du selbst nahmst Fleisch an für uns.
Gottes Liebe wurde sichtbar und fühlbar.
Gib, dass sich meine Liebe
nicht in Worten erschöpft,
sondern dass sie sich als konkrete,
einfühlsame und stärkende Hilfe zeigt.
Maria trug dich zu den Menschen.
Gib, dass durch meine Tat
meine Schwestern und Brüder
an deine helfende Liebe zu glauben beginnen.
Amen.

Cor Jesu, Verbo Dei substantialiter unitum –

Herz Jesu, mit dem Worte Gottes wesenhaft vereinigt

In Frankreich gilt die Zeit der sogenannten „Vichy-Regierung“ in den 40er Jahren des 20. Jahrhunderts als eine dunkle Episode der nationalen Geschichte.

Nach dem Sieg der Armeen Hitlers über die Franzosen hatte der alte Held des 1. Weltkriegs Marschall Pétain in Südfrankreich eine Regierung bilden können, die – mit Billigung des deutschen Diktators – in diesem Landesteil den Anschein eines unabhängigen Staates dürftig aufrechterhielt. Pétain, im Jahre 1940 schon 84, wollte sicherlich retten, was zu retten war. Durch die Kollaboration mit den Deutschen versuchte er Nachteile von seinem eigenen Volk abzuwenden. Im Ganzen gilt jedoch: „Er hat mit seinem Doppelspiel nur wenig erreicht, eine Frankreichs unwürdige Politik aber mit seiner Autorität gedeckt und seine Landsleute getäuscht und verwirrt. Nach dem Einmarsch der deutschen Truppen in die unbesetzte Zone am 11. XI. 1942 hat Pétain mit seiner Untätigkeit eine letzte Chance verpasst, das Ansehen seiner Regierung zu retten; Vichy wurde schrittweise den totalitären Elementen ausgeliefert. Die im Januar 1943 ins Leben gerufene Miliz Darnands beteiligte sich aktiv an der Verfolgung der Widerstandskämpfer und an den berüchtigten Repressalien der Gestapo und SS gegenüber der Zivilbevölkerung“ (Rudolf von Albertini). Seine Tage beschloss der alte Mann, nach dem Krieg von den eigenen Landsleuten verurteilt, als einsamer Verbannter 1951 auf der Atlantikinsel Yeu. Was die Franzosen an Pétain (vieles ging sicher auf das Konto seiner Berater) und Vichy verabscheuen, beinhaltet die Empfindung, dass damals von Frankreich gesprochen wurde, aber Deutschland gemeint war, ist Verrat, Unaufrichtigkeit und Unehrlichkeit, mangelnder Widerstand gegen das Verbrechen.

Ehrlichkeit verschafft letztlich die dauerhafteste und beste Reputation. Wir schätzen es zum Beispiel, wenn wir wissen, woran wir mit einem Menschen sind. Ehrlichkeit spricht von Mut. Da legt einer jegliche Maske ab, da macht sich einer gleichsam schutzlos und zeigt, wie er ist. Ehrlichkeit ist ein Zeichen von Stärke. Sie fasziniert uns und verleitet manch einen, nicht nur dem Eingeständnis, sondern auch dem wenig Rühmlichen, *das* da eingestanden wird, zu applaudieren. Enthüllungen, die mit dem Satz: „Und das ist gut so!“ schließen, finden eine bedenklich positive Aufnahme.

Der ehrlichste Mensch, der jemals auf Eden war, ist der Gottmensch Jesus Christus. Das meint die Anrufung „Herz Jesu, mit dem Worte Gottes wesenhaft vereinigt“. Hier ist Thema nicht, wie man bei oberflächlichem Hören meinen könnte, die Wesenseinheit von Gottvater und Gottsohn. Nein, es geht darum, dass das Innerste, die

Personmitte Christi, mit dem zuinnerst übereinstimmt, was er als Wort Gottes, das er ja ist (vgl. Joh 1,14), uns mitteilt. Im Herrn ist eine bruchlose Einheit von Intention, Wort und Tat. In allem stimmt er zutiefst mit sich überein. Christus *bringt* uns nicht nur die Wahrheit Gottes, er *ist* nicht nur als Inhalt dieser Worte die Wahrheit (vgl. Joh 14,6), er ist auch Wahrheit im Sinne vollkommener Wahrhaftigkeit. Und weil das vollkommen Wahre nur ein anderer Ausdruck für das vollkommen Gute ist, offenbart uns die Ehrlichkeit Christi – anders als menschliche Ehrlichkeit! – stets den Inbegriff makelloser Persönlichkeit.

Christus fordert uns auf, dass auch wir ehrlich werden. „Euer Ja sei ein Ja, euer Nein ein Nein; alles andere stammt vom Bösen“ (Mt 5,37), so ruft er uns zu. Er will Menschen aus einem Guss, die weder Gott noch den anderen noch sich selber etwas vormachen, die aber gleichzeitig darauf bedacht sind, immer treuer nach Gottes Gebot zu leben und sich auch auf Unvollkommenheiten nichts einzubilden. Wenn wir überlegen, wie viel Not und Leid unter den Menschen, in ihren vielfältigen Beziehungen auf allen Ebenen, letztlich aus der Unwahrhaftigkeit resultieren, muss man sagen, dass ein Leben nach dem „ja, ja, nein, nein“ wahrhafte Weltverbesserung wäre – ein Leben im Blick auf das Herz Jesu, das, wesenhaft mit dem Worte Gottes vereinigt, uns strahlende Orientierung gibt, auch wenn wir es in seiner bruchlosen Schönheit nie ganz erreichen werden.

Herr Jesus Christus,
du bist die vollkommene Wahrheit
ohne alle Verzerrung und Entstellung,
rein und klar wie der Spiegel eines Bergsees.
In dir stimmen Wille, Wort und Vollbringen
bruchlos überein.
Ich sehne mich so sehr
nach dieser inneren Einheit für mich.
Heile meine innere Zerrissenheit,
lass mich ganz und rein werden.
Vertreibe alle Lüge und Heuchelei
aus dem Leben dieser Welt. Amen.

Cor Jesu, majestatis infinitae –

Herz Jesu, unendlich erhaben

Als ich ein kleiner Junge war, durfte ich bei jedem Kirchgang in eine „Bilderbibel" hineinschauen. Das war unsere Pfarrkirche selber. Von den einfachen Bildern der Buntfenster aber sind mir zwei in bleibender Erinnerung geblieben: eines, das das Geheimnis der Allerheiligsten Dreifaltigkeit gleichnishaft wiedergab, und zwar in einem Dreieck, aus dessen Mitte den Betrachter ein Auge anblickte; und ein anderes, das eine Dornenkrone um den Längsbalken eines Kreuzes gelegt zeigte. Es waren und sind Bilder, die wesentliche Glaubenswahrheiten ausdrücken, Bilder zugleich, die nicht Angst, wohl aber Ehrfurcht erweckten – Ehrfurcht vor dem ewigen Gott.

Noch heute bin ich froh, dass meinen Altersgenossen und mir diese Haltung beigebracht wurde – durch Kirchenraum und Katechese (wobei übrigens die Vermittlung des *liebenden* Gottes nicht zu kurz kam!). Wenn der Mensch nichts mehr hat, vor dem er sich neigt, verneigt und verbiegt er sich vor allem Möglichen. Wer keine Majestät über sich weiß, schafft sich „Majestäten"; Menschen oder Dinge, vor denen er sich niederwirft. Insofern sollte auch bei der oft so liebevollen und aufwendigen Vorbereitung von Kinder- und Familienmessen das Element „Ehrfurcht“ keinesfalls fehlen. Bei vernünftiger Vermittlung erzeugt man bei den Kindern damit eben keine knechtliche Furcht, sondern tut ihnen einen echten Dienst für ihr ganzes Leben.

Dass die Herz-Jesu-Litanei die Personmitte Christi „von unendlicher Majestät“ nennt, „unendlich erhaben“, ist wahrhaft eine heilsame Botschaft für unsere Zeit. Man hat Jesus Christus in der Verkündigung so sehr verharmlost, so sehr zu einem verträumten Jüngling, einem seiner wahren Natur und Mission selbst nicht recht bewussten Idealisten oder zu einem zu allem freundlich lächelnd Nickenden gemacht, dass viele, nachdem sie solcher „Predigt“ und „Katechese“ müde geworden sind, meinen, ohne diesen Jesus kämen sie eigentlich auch ganz gut aus. Nicht zu Unrecht. Denn man hat ihnen ein Zerrbild des echten Christus gebracht. Er ist Gottes wahrer und ewiger Sohn, Christus König, der zur Rechten des Vaters sitzt. Gott sei Dank, dass das so ist! Von einem solchen Christus und von ihm allein lassen wir uns noch etwas sagen, nur ihm trauen wir wirklich zu, dass er diese von uns so verunstaltete Welt, der er in Kreuz und Auferstehung schon Erlösung erwirkt hat, auch dereinst vollenden wird. Wenn wir eines in den letzten Jahrzehnten verloren haben, dann die Fortschrittsgläubigkeit, die Illusion, dass wir jemals das Paradies auf Erden schaffen können. Zu herb waren die Rückschläge, die die Menschheit auf der spiegelglatten Bahn dieses Gedankenfluges erlitten hat. Die Geschichte endgültig zum Guten führen kann nur jemand, dem weit mächtigere Möglichkeiten zu Gebote stehen als uns selber. Christus ist es, der unendlich erhabene Sohn Gottes, der das vermag.

Kaum an anderer Stelle wird es so deutlich wie hier, dass die Kirche einen Dienst an der Menschheit tut, wenn sie den wahren Christusglauben hochhält und verteidigt. Welche „Erlösung", welche Befreiung geht von diesem Glauben aus! Es ist nicht menschenfeindlich, sondern zutiefst human, wenn sich der Mensch diesem großen Gott in Ehrfurcht naht und anbetend die Knie vor ihm beugt. Denn in solcher „Einordnung" finden wir unsere beste und weiteste Personenentfaltung.

Anrührend aber bleibt es, dass der größte Ausdruck der Majestät sich bei Christus darin zeigt, dass er seine Allmacht – es klang schon an – ganz in den Dienst seiner Liebe stellt. Solche Machtausübung ist unendlich erhaben – unendlich erhoben über jene, die unter uns Menschen weithin gängig ist, auch in der *Form*, in der sie sich bei Christus vollzieht. Wie heißt es wiederum in einem Kirchenlied: „Nicht durch des Schwertes Machtgebot hast du die Welt bezwungen, du hast durch Kreuz und Opfertod die Krone dir errungen". Ruft nicht solcher Machtgebrauch gerade im Vergleich mit düsteren Gegenbildern auf dieser Erde noch besondere Ehrfurcht in uns hervor?

Herr Jesus Christus,
oft finden wir Menschen
uns schwer zurecht angesichts einer
schillernden Vielfalt von Sinnangeboten,
die Glück und gelungenes Leben verheißen.
Ich bekenne meinen Glauben an dich:
Deine Stimme ist nicht irgendeine

in der schwirrenden Geräuschkulisse
unseres Lebens.
Du hast uns das Wichtigste,
das Eigentliche,
das Endgültige zu sagen.
Denn du allein
bist der ewige Sohn des himmlischen Vaters,
zu ihm erhöht und zu seiner Rechten
herrschend über Himmel und Erde.
Du schenkst uns,
was kein anderer zu geben vermag:
das ewige Leben.
So wollen wir dir gehören
und dir allein,
der ewigen Liebe, dienen. Amen.

Cor Jesu, templum Dei sanctum –

Herz Jesu, du heiliger Tempel Gottes

In den herrlichen Geschichten von Don Camillo und Peppone findet sich die Episode, in der der Priester den kommunistischen Bürgermeister inkognito auf einer Reise nach Sowjetrussland begleitet und am Morgen – sein alter Kontrahent und Zimmergenosse erwacht darüber – auf dem Hotelzimmer, gewissermaßen unter den Augen der linientreuen Gastgeber und des Geheimdienstes, in biblischer Einfachheit die heilige Messe feiert. Obwohl Peppone tausend Tode stirbt, geschieht nichts, die Russen bekommen keinen Wind davon, dass Don Camillo in aller Ruhe zelebriert hat. Die vornehmste Aufgabe des Priesters ist die Feier der heiligen Messe. Sie will die Mitte seines Tages und seines Dienstes sein.

Auf die besondere Bedeutung des eucharistischen Opfers macht uns die Anrufung der Herz-Jesu-Litanei „Du heiliger Tempel Gottes" aufmerksam. In einem Tempel wird einer Gottheit normalerweise ihr Opfer dargebracht. Wozu alle Opfer der Vorzeit niemals ausreichten, nämlich den Menschen wieder mit Gott ins Reine zu bringen, das hat das Opfer Christi vollbracht. Im Herzen Christi, in der Liebe seines Sohnes wurde dem wahren Gott das einzig wohlgefällige Sühneopfer „geschenkt", dessen Vergegenwärtigung im heiligen Messopfer die höchste Form christlichen Gottesdienstes ist. Am Kreuz hat Christus das helle Licht für eine dunkle Welt zum Sieg und Durchbruch gebracht. Deswegen müssen die Flammen dieses Lichtes im heiligen Messopfer an abertausenden Stellen täglich erstrahlen, um die Dunkelheit immer mehr zuschanden zu machen. Insofern ist es ein bedenkliches Zeichen, wenn vielfach der Montag zum wöchentlichen Karsamstag der Kirche verkommt, an dem nicht zelebriert wird. Unverständlich erscheint die zuweilen an Priester ergehende Empfehlung, doch einen Tag in der Woche „eucharistiefrei" zu machen.

Wieweit in diesen Dingen die Verwirrung geht, zeigte sich vor einiger Zeit in einem Leserbrief an eine deutsche Kirchenzeitung. Dort war das Buch eines vietnamesischen Kardinals besprochen worden, der davon sprach, dass er hinter den Mauern kommunistischer Gefängnisse für sich ganz allein die heilige Messe zelebriert habe und welche Kraftquelle ihm das gewesen sei. Die Leserbriefschreiberin warf dem Kardinal daraufhin privatistische Frömmigkeit und Verkennung des ekklesialen Aspektes der Messfeier vor. Man glaubte, nicht richtig zu lesen!

Natürlich ist die Feier der heiligen Messe mit Gläubigen erhebender als ganz allein, aber schließlich hatte sich der Kardinal ja seine Situation nicht ausgesucht. Und: Wenn der Priester zelebriert, ist geistigerweise die ganze Kirche anwesend. Wollte man behaupten, die heilige

Messe privat zelebriert brächte nichts, dann müsste man auch davon überzeugt sein, dass, wenn Christus ohne irgendwelche Mitleidenden und Zuschauer am Kreuz gehangen hätte, die Erlösung nicht bewirkt worden wäre! Wie aber könnte eine solche Position wohl begründet werden!

Das heilige Messopfer schenkt uns aber nun nicht nur Licht und Gnaden, sondern ruft uns – Priester und Laien – auch immer neu auf den Opferweg Christi, um mit ihm die Fülle der Herrlichkeit zu erlangen. Herz Jesu – Gottes heiliger Tempel; in der Liebe Christi geschieht die Höchstform christlichen Gottesdienstes. Ein Leben „im Herzen Jesu", genährt durch die Früchte der heiligen Messe, ist Fortschreibung solcher Höchstform ins Leben. Wenn der Priester das heilige Messopfer darbringt, „liest" er im überlieferten, hier recht unvollkommenen deutschen Sprachgebrauch die heilige Messe, bei den Franzosen und den Englisch sprechenden Katholiken „sagt" er sie. In der rheinischen Mundart aber existiert der beste und schönste Ausdruck für das erhabene Geschehen: Der Priester „tut" die heilige Messe. Das ist es im tiefsten: Gläubige und Priester müssen die Messe tun im Sinne des großen Anspruchs, den die Priesterweihe an die Neugeweihten heranträgt: „Ahme nach, was du vollziehst!"

Herr Jesus Christus,
wir beten dich an
im eucharistischen Sakrament.
Dein Opfer wird Gegenwart,
wenn wir die heilige Messe feiern.

Du bleibst auch nach der Messfeier
in der Hostie unter uns.
Das ewige Licht
an den Tabernakeln unserer Kirchen
zeigt uns deine göttliche Gegenwart an.
Ich bin glücklich über deine Nähe.
Immer wieder darf ich
dich finden im Sakrament deiner Liebe.
Ich darf mich bei dir bergen
wie ein Küken unter den Flügeln seiner Mutter.
Herr, ich danke dir von ganzem Herzen.
Dein Opfer hast du aus brennender Liebe
zu uns Menschen vollbracht.
Im Opfer der heiligen Messe lebt es fort.
Lass es auch fortleben
in meinen Worten und Taten. Amen.

Cor Jesu, tabernaculum Altissimi –

Herz Jesu, du Zelt des Allerhöchsten

In unserer Anrufung erinnert uns der Begriff des Zeltes an die Wüstenwanderung des Volkes Israel, bei der Gott sein Volk begleitete und Wohnung im Offenbarungszelt nahm. Das Herz Jesu, Gottes makellose Personmitte, ist, so dürfen wir auch sicher sagen, indem wir mit dem Begriff „tabernaculum“ spielen, Gottes Allerheiligstes, ist sein Tabernakel. Und man geht umgekehrt nicht fehl, wenn man in Tabernakeln unserer Kirchen, in dem die heilige Hostie, Christi wahrer Leib, geborgen ist, das Herzstück von Gottes Liebe erkennt.

Das Bild vom Gotteszelt bei der Wüstenwanderung lohnt aber noch ein weiteres Verweilen. Die Präsenz Gottes bei seinem Volk musste sich damals in ein Zelt hinein verhüllen, weil die Israeliten den Glanz seiner Herrlichkeit sonst nicht ausgehalten hätten. Schon wenn Mose mit Gott geredet hatte, musste er sein Antlitz verhüllen, damit die Israeliten den himmlischen Glanz auf seinen Zügen nicht sahen.

Übertragen auf unsere Anrufung bedeutet das: Gott verhüllt sich in das Herz Jesu, tabernaculum Altissimi, hinein, „arbeitet" mit menschlichen Begriffen wie „Herz" und „Liebe", damit wir so viel von seinen göttlichen Absichten erkennen, wie es für uns gut ist und uns zum Heile dient. Würden wir Gott in der *ganzen* Göttlichkeit seiner Gesinnung und seines Wollens auf Erden „entdecken", wir würden sterben. Er ist noch viel mehr als all unsere menschlichen Begriffe, selbst die edelsten, aussagen. Das Wort „Liebe" selbst ist demgegenüber nur wie ein welkes Herbstblatt im Wind. Die Anrufung „Herz Jesu, du Zelt des Allerhöchsten", kann uns eine große Vorfreude auf den faszinierenden Moment vermitteln, in dem im ewigen Leben die Zeltbahnen zurückgeschlagen werden.

Das „tabernaculum Dei" spricht uns jedoch auch eben vom treuen Mitgehen Gottes auf unseren zuweilen „wüstenhaften" Wegen. Im Herzen Jesu ist Gottes Liebe allezeit bei uns gegenwärtig. Manchmal freilich fällt es uns schwer, sie zu entdecken.

In Gertrud von Le Forts Novelle „Die Verfemte" ereignet sich Folgendes: Auf abenteuerliche Weise, auf geheimen Pfaden durch unwegsames Gelände, kann sich eine preußische Gutsbesitzersfamilie vor den am Ende des 2. Weltkrieges einmarschierenden Russen retten. Es ist *der* Fluchtweg, auf dem Jahrhunderte zuvor eine verkannte Ahnin des Geschlechtes, eben jene „Verfemte", einem verirrten schwedischen Soldaten das Entweichen vor den Häschern des preußischen Kurfürsten, das Entkommen in die Freiheit ermöglicht hatte. Das sagt uns übertragen: Wir Menschen werden *selber* die Liebe Gottes – uns zu unserer Freude führend – erfahren, wenn wir uns dieser Liebe anvertrauten, indem wir Liebe unseren Mitmenschen bezeigten. Die Novelle von Gertrud von Le Fort bringt weiter die feste Überzeugung zum Ausdruck, dass Taten der Liebe bei Gott niemals, auch nach Jahrhunderten nicht, vergessen werden, und dass Gott sie zum Segen noch für nachfolgende Geschlechter werden lässt.

Wo während der Wüstenwanderung Israel sich egoistisch nach den Fleischtöpfen Ägyptens zurücksehnte, da war Stillstand auf dem Weg. Wo es sich dem Willen Gottes zu öffnen versuchte, da stand es unter seinem Segen und kam voran. Gebe Gott uns solches Vorwärtskommen in der Offenheit für das Gottesherz, das mit uns geht!

Herr Jesus Christus,
du Gott unter uns,
deine Liebe hat in unserer Mitte
ihr Zelt aufgeschlagen.
Lass mich vor diesem Zelt,
dem Tabernakel,
immer wieder Ruhe und Kraft
für mein Leben finden.
Wenn mein Weg
einer Wüstenwanderung gleicht,
sei du mir Feuer- und Wolkensäule,
dass ich mein Ziel nicht verfehle.
Auf den Gesichtszügen des Mose
lag ein Leuchten,
wenn er mit Gott gesprochen hatte.
Lass auch mich
durch die Anbetung verwandelt werden.
Mache mich durch das Gespräch mit dir
zu einem neuen Menschen. Amen.

Cor Jesu, domus Dei et porta caeli –

Herz Jesu, du Haus Gottes und Pforte des Himmels

Zwei Bilder werden hier auf das Herz Jesu angewandt: Wir können es das Haus Gottes, „Gottes Wohnung“, nennen, denn es heißt in einer anderen Anrufung der Herz-Jesu-Litanei, dass im Herzen des Erlösers „die ganze Fülle der Gottheit“ wohnt. Und wir sind berechtigt, das Göttliche Herz auch als „Pforte des Himmels“ zu bezeichnen, weil uns durch die Liebe Jesu der Himmel offensteht.

Zu unserer zweigliedrigen Anrufung liegt jedoch auch eine eindeutige biblische Bezugsstelle vor, deren Betrachtung uns weitere, wertvolle Impulse gibt. Im Hintergrund steht nämlich der Bezug auf die Erzählung von der Himmelsleiter, die Jakob im Traum schauen darf (Gen 28,10-22). Jakob, der Mensch vor Gott, spricht angesichts der Treppe, an deren oberen Ende der himmlische Vater steht: „Wie ehrfurchtgebietend ist doch dieser Ort! Hier ist nichts anderes als das Haus Gottes und das Tor des Himmels“ (Gen 28,17). Nicht allein fast schauererregende Konfrontation mit der Größe des Gottesgeheimnisses geschieht freilich hier, sondern die Himmelsleiter ist zugleich der Ort göttlicher Verheißung. Gott spricht zu Jakob (Gen 28,15): „Ich bin mit dir, ich behüte dich, wohin du auch gehst ... Denn ich verlasse dich nicht, bis ich vollbringe, was ich dir versprochen habe“ (nämlich das Land in Besitz zu nehmen, auf dem Jakob gerade liegt). Beides, Ehrfurcht und Verheißungsglaube, gehören zusammen: Gerade weil Gott der ehrfurchtgebietende Herrscher des Weltalls ist, besitzt seine Verheißung die volle Gültigkeit (wir sprachen an anderer Stelle schon davon). Das Herz Jesu als „Ort“ der Gottesbegegnung ruft uns, wenn wir es zur Himmelsleiter des Jakob in Beziehung setzen, zu neuer, tiefer Ehrfurcht heraus, aber auch zu kindlichem Vertrauen auf die unendliche, alle Erwartungen aus alttestamentlicher Zeit weit überragende Verheißung, die in diesem für uns durchbohrten Herren liegt.

Etwas davon wird uns deutlicher, wenn wir über das Herz Jesu bei näherem Nachdenken sagen müssen, dass hier die Bilder des Hauses Gottes und der Pforte des Himmels nicht (unverbunden) nebeneinander stehen, sondern sich gegenseitig durchdringen. *Als* Haus ist das Herz Jesu Pforte. Gott zieht sich nicht in das ewige Leben, nicht in ein noch so grandioses „Schneckenhaus“ zurück. Seine ganze Handlungsweise den Menschen gegenüber ist liebende Öffnung, Offenbarung, Einbezug. Er will uns in sein göttliches Leben, in sein Eigenstes, Intimstes hineinnehmen. Jesus Christus spricht im Hohenpriesterlichen Gebet: „Wie du, Vater, in mir bist und ich in dir bin, sollen auch sie in uns sein (Joh 17,21). Wie arm ist unser Inneres, dass wir ständig Hunger nach irgendeinem „Fun“-Spektakel haben, aber die Freude über das Atemberaubende, über die Art, wie Gott an uns handelt, völlig neu lernen müssen! Dabei ist sie der tiefste Freudenquell, und alle andere wirkliche Freude erhält von hierher ihre Berechtigung.

Das ist ein Hauptsinn aller Herz-Jesu-Verehrung, dass neuer Jubel Gottes uns dazu bringt, ihn mehr zu lieben. Der Blick auf das Herz Jesu kann uns in neue Dimensionen der Gottesbegegnung führen. Mut zu vorbehaltloser, liebender „Beschäftigung" mit diesem besten aller Herzen ist hierbei natürlich nötig. Möchten viele diesen Mut aufbringen, möchte die Kirche die Kraft finden, vom Herzen Jesu zu sprechen und so zu sprechen, dass unzählbare Scharen sich diesem Göttlichen Herzen nähern und glücklich in neugewonnener Glaubenserkenntnis die Worte Jakobs auf es anwenden: „Wirklich, der Herr ist an diesem Ort, und ich wusste es nicht" (Gen 28,16)!

Herr Jesus Christus,
du bist der ganz Heilige.
In Ehrfurcht komme ich deshalb zu dir.
Wenn ich auf dich schaue,
wird mir meine Kleinheit und Sündhaftigkeit
wie in einem Kontrastbild bewusst.
Was macht mir dennoch Mut,
mich dir zu nahen?
Es ist der Gedanke,
nein der feste Glaube daran,
dass du nicht nur unser Herr,
sondern auch unser göttlicher Bruder bist,
der Mensch geworden ist,

damit wir aus der Not und Verstrickung
der Sünde gerettet werden.
Du streckst mir die Hand entgegen,
um mich an dich,
in dein ewiges Leben, zu ziehen.
Gib, dass ich deine Hand ergreife
und sie nie mehr loslasse. Amen.

Cor Jesu,
fornax ardens caritatis –

Herz Jesu,
du Feuerherd der Liebe

Seltsame Anrufung, die das Göttliche Herz Jesu in seiner Liebe einem Feuerofen vergleicht! Eine Herdstelle ist etwas Wärmendes, Angenehmes, ohne Zweifel. Aber das Feuer, das in ihr wirkt, verschlingt, zerreißt, vernichtet auch.

Im 31. Kapitel des Jesajabuches warnt Gott sein von den Assyrern schwer bedrängtes Volk, sich dem unsicheren Bündnispartner Ägypten in die Arme zu werfen. Er selbst verspricht, für Israel zu kämpfen und verkündet das Urteil über den Angstgegner Assur: „Seine starken Helden vergehen vor Grauen, seine Fürsten lassen die Feldzeichen im Stich – Spruch des Herrn, *der in Zion einen Feuerherd hat,* in Jerusalem einen glühenden Ofen" (Jes 31,9). Man liegt so wohl richtig, wenn man in diesem Feuerherd ein Gleichnisbild des Jerusalemer Tempels sieht. Gott ist in ihm gegenwärtig, wie denn auch an anderer Stelle das Feuer Gottes Präsenz anzeigt – beim Abrahamsopfer (vgl. Gen 15,17), im brennenden Dornbusch, in der Feuersäule, die bei Nacht dem Volk Israel als Orientierung auf dem Weg in das Gelobte Land vorausleuchtete, später im Feuer, das der Gottessohn auf die Erde wirft und das in den Herzen der Menschen zünden will, im Heiligen Geist, der in Flammenzungen auf die junge Kirche herabkommt. So wahr der Herr gegenwärtig ist, die Gegner des heiligen Volkes müssen vergehen vor seiner Macht, die mit feuriger Urgewalt über sie hereinbricht. Für die aber, die sich zu ihm bekennen, ist dieser „Feuerofen" eine bergende, sichere Zuflucht und Schutzwehr.

Wenn das Wort vom „Feuerherd" auf das Herz Jesu bezogen wird, unterstreicht dies zunächst die Göttlichkeit Jesu Christi. Sein Herz ist göttliche Präsenz, er ist dem himmlischen Vater verbunden in untrennbarer Wesenseinheit und Wesensgleichheit. Wendet sich der Christ also an das Herz Jesu, so hat er die Sicherheit, sich nicht dem armen, wankelmütigen, so vielen Versuchungen und Wechselfällen ausgelieferten Herzen eines Menschen anzuvertrauen, sondern dem lebendigen Gott selbst, der in seiner Gesinnung unwandelbar, beständig und treu ist. Indem nun aber das Herz Christi ein Feuerherd *der Liebe* genannt wird, ist verdeutlicht, worin diese Intentionen Gottes dem Menschen gegenüber bestehen, die ewig unverändert bleiben.

Wir haben es also mit einem „Feuerherd" zu tun, an dessen brennender Liebe wir wärmende Geborgenheit in den kalten Nächten unseres Erdendaseins finden; mit einem „Feuerofen", der uns ein brennender Schutzschirm gegen unsere „Feinde“, gegen Verzagtheit, Verzweiflung, Trostlosigkeit ist; mit göttlicher Liebesglut, an der wir uns einmal eine ganze Ewigkeit lang erfreuen sollen.

Die Verehrung des Göttlichen Herzens, „fornax ardens caritatis“, ist dann aber auch Anruf, sich von Christi Liebesfeuer ergreifen zu lassen und selbst zu entbrennen in Gegenliebe zum Herrn und in der Nachahmung seiner Liebe zu allen Menschen. Am Gedächtnistag der Stigmatisierung des heiligen Franz von Assisi (17. September) betete die Kirche früher: „Herr Jesus Christus, da die Welt zu erkalten begann, hast du am Leibe des heiligen Franziskus die heiligen Wundmale deines Leidens erneuert, um unsre Herzen mit dem Feuer deiner Liebe zu entflammen.“ Wie der Gedanke an die Wundmale des heiligen Franziskus könnte die Verehrung des Herzens Jesu uns zu Menschen machen, die einen neuen Sinn, eine neue Dankbarkeit dafür entwickeln, was Gottes Liebe an uns getan hat – und eine neue Bereitschaft, darauf in Liebe zu antworten. Den heiligen Franziskus hat die innige Bindung an Christus, den Feuerherd der Liebe, dazu gebracht, einem Aussätzigen ein Almosen nicht einfach vor die Füße zu werfen, sondern ihm das Geldstück zu geben, indem er die vom Aussatz zerfressene Wange küsste. Extrembeispiel dessen, wozu ein Heiliger fähig ist? Mag sein! Aber die Frage stellt sich, ob wir die Welt denn nun im Sinne Christi verändern wollen oder nicht. Wenn ja, dann hätten wir etwas von der Gesinnung des heiligen Franziskus nötig, der sich vom Feuerherd Christus anstecken ließ und so in großartiger Gleichförmigkeit gleichsam selbst zum Feuer wurde. „Frigescente mundo“ – da die Welt zu erkalten beginnt, sollten wir erkennen, welche Konsequenzen wir zu ziehen haben, wenn wir das Herz Jesu den „Feuerherd der Liebe“ nennen.

Herr Jesus Christus,
das Wort „Liebe“ ist in aller Munde.
Sehr Verschiedenartiges
wird darunter verstanden.
Deine Liebe ging bis zum Opfer
und schloss den Schmerz ein.
Du hast dich für uns hingegeben.
Hilf mir,
an deiner Liebe Maß zu nehmen.
Gib meiner Liebe
zu Gott und den Menschen
Kraft und Glut.
Nur die Liebe
ist ja der Schlüssel zum Himmel. Amen.

Cor Jesu,
justitiae et amoris receptaculum –

Herz Jesu, du Wohnstatt
der Gerechtigkeit und der Liebe

An Gerichtsgebäuden finden wir oft die Figur der Justitia, der personifizierten Gerechtigkeit, als steinernes oder ehernes Standbild. Ihre Augen sind verbunden, um anzudeuten, dass hier Gerechtigkeit ohne Ansehung der Person, rein nach den zutage liegenden Tatsachen geübt werde.

Damit ist etwas Wichtiges über eine wirkliche Rechtsprechung gesagt, die nicht etwa im Dienst einer Gewaltherrschaft oder eines Despoten, sondern im Dienst des menschlichen Gemeinwesens insgesamt steht. Und dennoch drücken die verbundenen Augen der Justitia nicht die ganze Rechtspraxis der Demokratien aus – Gott sei Dank! Natürlich geschieht den Gesetzestexten Genüge, und der Wille, irgendwelchen Beeinflussungen zu entgehen, ist ernst und echt. Aber es bleibt den Richtern doch so viel Bewegungsfreiheit, dass sie die besonderen Umstände einer Tat und besonders die Lebenssituation des Täters in die Urteilsfindung mit einbeziehen können. Anders wird zum Beispiel ein Bankraub bewertet, der aus einer schweren sozialen Notlage heraus geschieht, als ein Vergehen dieser Art, dessen Ursache blanke Geldgier ist.

Hiermit scheint etwas Christliches aufgenommen: die Überzeugung, dass Gerechtigkeit sich mit Liebe, mit Einfühlung auch in die Situation dessen verbinden muss, der gefehlt hat. Unser Herr Jesus Christus hat im Evangelium niemals ein Unrecht verharmlost, aber voll Liebe ist er den Sündern nachgegangen und hat sie mit seinem Verstehen umfangen, um sie dann freilich konsequent auf den rechten Weg zu führen. Gott sei Dank, dass sich im Herzen Jesu Gerechtigkeit und Liebe verbinden! Ein wahres Glück für uns, die wir vielleicht relativ selten mit dem staatlichen Gesetz, dafür aber umso häufiger mit Gottes Geboten kollidieren. Wenn Gott mit uns allein nach seiner Gerechtigkeit verfahren würde, wer könnte dann vor ihm bestehen? Ausdruck der größeren Gerechtigkeit Gottes ist seine Liebe, die uns retten will und in die jeder eintauchen kann, der nur ein Fünkchen Bereitschaft zeigt, sie anzunehmen. *Ausdruck* der Gerechtigkeit unseres Gottes ist seine Liebe! Im Herzen Jesu gibt es keine Gegensätze, ebenso wenig wie man das Alte Testament als „Zeit von Gottes Gerechtigkeit" und das Neue Testament als „Zeit der Liebe Gottes" nur mit harten Brüchen einander konfrontieren müsste. Die Liebe Christi hat ihre neuordnende, prägende Kraft dadurch, dass sie die Schwester seiner Gerechtigkeit ist. Die Gerechtigkeit Christi aber gewinnt ihre „richtende", das heißt wieder ins Lot bringende Vollkraft dadurch, dass sie durch Liebe vervollkommnet wird. Beide Tugenden bedingen einander.

„Am deutschen Wesen wird die Welt genesen" – das war einst gängiger Leitsatz der Wilhelminischen Epoche

Deutschlands. In Wahrheit ist die Welt am menschlichen Wesen, wo es mit seinem Egoismus, seinem Machtstolz, seiner Überheblichkeit daherkam, nicht gesundet, sondern immer nur noch kränker geworden – egal, welche National- oder Parteifahne sich die auf sich selber fixierte „Menschlichkeit" umlegte. Einzig an Gottes Wesen kann die Welt genesen. Sorgen wir dafür, dass unser Herz immer mehr dem Herzen Jesu ähnlich werde, damit wir leuchtende Künder des Heil bringenden Wesens unseres liebend-gerechten Gottes sind! Und fallen wir niemals in den Irrglauben, Gerechtigkeit und Liebe könnten getrennt voneinander ihre Identität bewahren.

Herr Jesus Christus,
du bist gerecht und liebevoll.
Ich danke dir, dass es so ist.
Wenn ich erschrecke
über meine menschliche Unzulänglichkeit,
dann tröstet mich der Aufblick
zu deiner göttlichen Liebe.
Lass mich meinem Nächsten so begegnen,
wie du den Menschen begegnest.
Hindere mich,
Gerechtigkeit ohne Liebe zu üben
und bewahre mich ebenso dafür,
den Versuch zu unternehmen zu lieben,
ohne gerecht zu sein.
Lass auf liebender Gerechtigkeit
und rechtschaffender Liebe
das Leben der Menschen immer mehr gründen.
Amen.

Cor Jesu, bonitate et amore plenum –

Du Herz voll Güte und Liebe

Man könnte meinen, es heiße Eulen nach Athen tragen, wenn in drei Anrufungen unserer Litanei, die aufeinanderfolgen, von der Liebe des Herzens Jesu die Rede ist. Und überhaupt: Von unseren Kindertagen an, da man uns Jesus gerade auch als den „lieben Heiland" kennen lehrte, ist uns doch diese Wesenseigenschaft Christi sicher die vertrauteste. Wir wissen darüber Bescheid – so sehr, dass es uns kalt lässt.

Es ist wohl schon nötig, Wahrheiten des Glaubens, die uns völlig klar sind, in ihrer existenziellen Bedeutung für uns neu zu entdecken. So sind die drei „Liebes"-Anrufungen der Herz-Jesu-Litanei Weckrufe. Was kann ich tun, die Güte und Liebe des Herzens Jesu für mich neu zu entdecken? Ich könnte überlegen, wo sich mir, in meinem Leben, Gottes segnende und führende Hand schon manifestiert hat. Wer meint, eine solche selbstgestellte Aufgabe sei schnell erledigt, wird sich täuschen und erleben, wie seine Liste, auf der er Stichworte der Erinnerung mit Bleistift notiert hat, immer länger wird. Eine gute Übung wäre es auch, das Glaubensbekenntnis durchzusehen und darüber zu meditieren, wie viel unverdiente Liebe doch hinter allen Taten steckte und steckt, die Gott zu unserem Heil wirkt. Ich könnte auch die heiligen Evangelien lesen und herausfinden, wo Christi Liebe und Güte mich hier besonders berührt.

Bezaubernd zeigt sich Jesu Liebenswürdigkeit in seinem Umgang mit den Kindern. Er, der ewige Sohn Gottes, liebt die Kleinsten ganz besonders. Er neigt sich ihnen zu, segnet sie und nimmt sie in seine Arme. Das Kind, das in biblischer Zeit so wenig gilt, setzt der Heiland in seine volle Würde ein, gerade da, wo er es den Erwachsenen als Vorbild hinstellt (vgl. Mk 10,13-16). Überhaupt entgeht dem gütigen, liebenden Herzen Jesu gerade das Geringe nicht. Er erwähnt voll Anerkennung das Opfer der armen Witwe, die gerade einmal zwei Pfennig in den Kasten am Tempel wirft (vgl. Mk 12,41-44). Auch hier wird einem Nichts in den Augen der Welt liebende Wertschätzung vonseiten Gottes zuteil. Sogar die Lilien und die Vögel beschenkt Christus mit dem Blick seiner Liebe (vgl. Mt 6,26-28), freilich nicht ohne dem höchsten Gottesgeschöpf, dem Menschen, so viel und schwer geplagt, innerlich so zerrissen, so sehr bereit, sich – in vielfältiger Hinsicht – wegzuwerfen, die Ermutigung zuzurufen: „Ihr seid mehr wert als viele Spatzen!“ (Mt 10,31)

Überaus anrührend äußert sich die Güte und Liebe Christi in seinem zarten Respekt dem Menschen gegenüber: Kranke fragt er, was er ihnen tun soll (vgl. Mt 10,32). Natürlich weiß er, dass sie geheilt werden wollen. Aber der Heiland möchte doch hier nichts Unerbetenes, protzig Erscheinendes tun. Auch wenn er selber müde ist und allein sein möchte, stellt Christus sein Ruhebedürfnis zurück und kümmert sich um die, die wie Schafe ohne Hirten sind (vgl. Joh 4,6-26). Ihm sind auch die körperlichen Bedürfnisse des Menschen nicht einerlei. In der grenzenlosen Verwirrung nach der Auferweckung der Tochter des Jairus ist es Christus, der mahnt, dass man nicht vergessen solle, dem Kind jetzt etwas zu essen zu geben (vgl. Mk 5,43). Wie liebenswürdig ist die Treue des Herrn zu seinen Freunden: Am Grab des Lazarus vergießt er als wahrer Mensch Tränen (vgl. Joh 11,35), obwohl er als wahrer Gott um all das weiß, was jenseits des Grabes ist! Und dass man ihn als „Fresser und Säufer" (Mt 11,19) schmäht, hat doch wohl zur Voraussetzung, dass er abends gerne mit den Aposteln und anderen Menschen zusammen gewesen ist und mit ihnen fröhlich war. Seine Stimme hatte etwas so Warmherziges und Liebevolles, dass die Seinen sie unter Tausenden heraushörten, wie uns die Erscheinung des Auferstandenen vor Maria Magdalena am leeren Grab zeigt (vgl. Joh 20,11-18). Zutiefst liebenswert ist mir die Tatsache, dass Christus noch am Kreuz einem armen Sünder vergibt (vgl. Lk 23,39-43), dass er denjenigen gegenüber, die er in seine Nachfolge ruft, mit offenen Karten spielt: Der Weg Jesu Christi ist kein Honigschlecken (vgl. Joh 15,20). Und doch wirbt er mit der ganzen Leidenschaft seiner großen Seele darum, dass Menschen sich aufmachen und diesen Weg gehen: Sein Joch drückt nicht und seine Last ist leicht (vgl. Mt 11,30), weil er selber mit daran trägt. Wie viel Liebe schließlich zeigt sich in der Konsequenz, mit der der Herr seinen Opferweg für uns geht (vgl. Joh 13,1)! Wie groß ist die Liebe, die sich in seinem Eifer zeigt: „Ich bin gekommen, Feuer auf die Erde zu werfen. Wie froh wäre ich, es würde schon brennen!" (Lk 12,49)

Eine Auswahl, wie gesagt, mit einem gehörigen Schuss Subjektivität des Autors, eine ergänzungsfähige und sicher auch -bedürftige Sammlung. Aber all das Genannte verleiht Christus bereits einen ganz eigenen Charme, faszinierend und sonst nirgends vorfindbar. Was ihn jedoch vielleicht am meisten liebenswert macht, ist die Tatsache, dass er überhaupt ein menschliches Antlitz annahm und sein Erdenleben in voller Freiwilligkeit für uns auf sich nahm. Es ist wohl zu wenig, was hier aus den Evangelien herausgefiltert wurde und es ist mit armen menschlichen Worten gesagt. Aber es reicht schon aus, eine tiefe Liebe zu Christus in uns zu entflammen, die sonst keinem in dieser Weise zukommt.

Herr Jesus Christus,
in meinem Herzen
leben alle möglichen Dinge,
Wünsche und Verletzungen,
Tugenden und Schwächen.
Gutes steht neben
Zweifelhaftem und Bösem.
Ich bin weder ganz gut,
noch bin ich durch und durch schlecht.
In deinem Herzen, o Herr,
sind nur Güte und Liebe.
Deshalb bist du das Licht der Welt,
das Lebensfundament,
die große Lebenshoffnung für so viele.
Ich will entschlossen an mir arbeiten,
dass mein Herz immer mehr
zu einem liebenden Herzen werde.

Und dennoch:
Hätte dieser Vorsatz
auch nur die geringste Perspektive,
wenn du mir nicht von deiner größeren,
göttlichen Liebe schenken würdest?
Deine Liebe muss ergänzen,
was meiner schwachen Liebe fehlt.
Ich will mich dir ganz öffnen.
Hilf mir, Herr! Amen.

Cor Jesu, virtutum omnium abyssus –

Herz Jesu, du Abgrund aller Tugenden

Es ist eine schier unausrottbare Legende, dass die Musikkapelle der sinkenden „Titanic“ nach der Kollision des Ozeanriesen mit einem Eisberg im April 1912 das Lied „Näher, mein Gott, zu dir“ gespielt habe. Im Angesichte des Todes waren die Musiker und sicher auch viele andere Passagiere des Dampfers nicht in der Lage, eine „gläubige“ Konsequenz zu ziehen. Die Kapelle intonierte einen „Herbstwalzer“. Die Angst einer beträchtlichen Zahl von Menschen auf dem Schiff entkrampfte sich nicht in Gottvertrauen hinein, sondern wurde durch Diesseitsverhaftung und Trotz, gepaart mit einem Schuss Melancholie, überspielt. Doch müssen wir uns bei diesen vollmundigen Feststellungen selbstverständlich fragen, ob die Reaktionen der Menschen heutiger Zeit in einer vergleichbaren Lage nicht noch weit „gottferner“ ausfielen. Auf der „Titanic“ gab es auch das andere: Passagiere, die sich unter der Anleitung von Priestern zum Rosenkranzgebet versammelten. Ob die Zahl derer, die angesichts des Abgrunds sich Gott ganz anvertrauten, heute wirklich beträchtlich wäre? Und ob wir wohl zu den Betern gehörten?

Vor dem Abgrund hat der Mensch normalerweise Angst. Und so steigt auch ein Schauer in ihm auf, wenn das Herz Jesu angerufen wird als der „Abgrund der Tugenden“. Warum? Weil die Endlichkeit des Menschen vor dem Bodenlosen, vor dem Unendlichen zurückschreckt. Weil er seiner Sündhaftigkeit gerade in der Konfrontation mit dem ganz Sündenlosen besonders innewird! „Culpa rubet vultus meus“, heißt es im „Dies irae“, die Schuld treibt mir die Schamröte ins Gesicht, gerade wenn ich in das unendliche Meer der Vollkommenheit Gottes blicke. „Ihr Inneres ist heillos verdorben, ihr Herz ist ein Abgrund (an Schlechtigkeit)“, so heißt es im Alten Bund von den Frevlern (Ps 64,7). Genau das Gegenteil dessen, was von Gottes Herz ausgesagt wird! Die Lösung des Problems kann sicher auch nicht darin bestehen, die Makellosigkeit Gottes oder die Unvollkommenheit des Menschen zu relativieren, denn schließlich ist der Christ immer Realist. Wir müssen die Diskrepanz zunächst einmal aushalten.

Dann aber gilt: Ich kann mich in den Schatten eines anderen hineinstellen, ich kann aber auch in seinem Lichte stehen. Was schon im menschlichen Bereich gilt, und, würde man es immer beherzigen, eine wahre Befreiung bedeuten würde, das hat Gültigkeit erst recht für unser Verhältnis zum lebendigen Gott. Um im Bild unserer Anrufung zu bleiben: In bestimmte Abgründe hinein versinken wir ja gerne. In unsere Lieblingsschokoladenmousse „könnten wir uns hineinsetzen“, wir tauchen mit einem Seufzer des Wohlbehagens in die Riesengrube unseres Fernsehsessels ab, und eine Badewanne mit duftendem, entspannendem Schaumbad ist für manchen eine „Wiedergutmachung“, die das Leben nach einer stressigen Arbeitswoche gewährt. Wir müssen entdecken, dass die Tugenden des Herzens Jesu für uns noch ganz andere Tröstungen bereithalten. Seine Liebe z. B. ist die Voraussetzung unseres Lebens und Ermöglichungsgrund unserer ewigen Glückseligkeit. Wenn wir daran denken, dass die Tugenden des Heilands unser Glück bedeuten, dann bleibt der Schauer vielleicht bestehen, den wir empfinden, aber er kann öfter auch einmal als wohliger Schauer empfunden werden. Und vielleicht fühlen wir uns eingeladen, Gottes Lebenshaltungen nachzuahmen, die Kerze unseres Lebens an seinem göttlichen Licht zu entzünden. Dann werden wir beim Gedanken an die Tugenden des Göttlichen Herzens nicht mehr die Versuchung zur Resignation verspüren, sondern das Glück dessen, der in sich das wachsen spürt, womit der Abgrund Gottes angefüllt ist. Und die Liedzeile „Näher, mein Gott, zu dir" gibt die Sehnsucht des Menschenherzens dann eigentlich ziemlich genau an.

Herr Jesus Christus,
es ist nicht leicht, gut zu sein.
Die anderen machen es uns nicht leicht,
oft werde ich mir selbst zum Fallstrick –
in meinem Egoismus,
meiner Unwahrhaftigkeit,
Feigheit und mangelnden Konsequenz.
Ich glaube,
dass es mit mir
eigentlich nur besser werden kann,
wenn ich mit dir immer mehr verwachse,
wenn dein Herz zu meinem Herzen wird.

All das, was mir fehlt,
hast du ja in reicher Fülle.
Komm zu mir in deinem Wort,
in deinen heiligen Sakramenten.
Allein vermag ich nichts –
alles aber vermag ich in dir,
der du mir Kraft gibst. Amen.

Cor Jesu, omni laude dignissimum —

Herz Jesu, würdig allen Lobes

Kardinal Giuseppe Siri, lange Zeit Vorsitzender der Italienischen Bischofskonferenz, war der Sohn eines kleinen Mietshausportiers in Genua. Geradezu atemberaubend verlief jedoch die kirchliche „Karriere" dieses begabten und frommen Mannes. Er war erst 38 Jahre alt, als er 1944 Weihbischof seiner Vaterstadt wurde. Zwei Jahre später schon erhob Papst Pius XII. ihn zum Erzbischof von Genua, 1953, mit noch nicht 47 Jahren wurde er eines der jüngsten Mitglieder des Heiligen Kollegiums der Kardinäle. Man weiß, dass Pius XII. ihn gern als seinen Nachfolger auf dem Stuhl Petri gesehen hätte, man weiß, dass der Kardinal von Genua bei den vier Konklaven von 1958, 1963 und August und Oktober 1978 jeweils einer der echten Papabili gewesen ist, der am meisten ernstzunehmenden Kandidaten für das Amt des Stellvertreters Christi. Er galt als autoritär, streng antikommunistisch, als Exponent des traditionalistischen Kirchenflügels. Oft ist er angefeindet worden. Unzweifelhaft aber war die charakterliche Lauterkeit und Bescheidenheit des Kardinals. Ein leuchtendes Zeugnis davon gibt der Wahlspruch dieses „Mannes mit Traumkarriere": „Non nobis, Domine". Ein Wort, das aus dem 115. Psalm entnommen ist und das vollständig und in der Übersetzung lautet: „Nicht uns, o Herr, bring zu Ehren, nicht uns, sondern deinen Namen in deiner Huld und Treue!" (vgl. Ps 115,1)

Schon entschlossene Abwehr menschlichen Lobes *durch* den Menschen – Siri wäre deswegen die Erwähnung in dieser Betrachtung nicht recht gewesen! – ist nicht häufig. Bei Jubiläen und runden Geburtstagen lassen die Gefeierten sich gerne Ehrungen gefallen, und manchmal wird die Sache derart übertrieben, auch ins Unwahrhaftige verzerrt, dass man neben das Pult der Lobredner angemessenerweise einen Beichtstuhl stellen müsste. Ähnlich ist es bei Begräbnisfeiern: Sterbepredigten sind manchmal wahre Heiligsprechungsbullen. Wir hören gerne Lob und verbreiten auch wiederum solches in der Hoffnung, es selbst zu ernten.

Letztlich ist alles Lob, das Menschen gespendet wird, relativ. Jawohl, es gibt echte menschliche Größe, es gibt zum Beispiel die Heiligen. Deren Tugenden und Taten dürfen wir feiern und *sollen* wir auch feiern, damit sie Nachahmung finden. Aber letztlich preisen wir auch immer Gott, der groß ist in seinen Heiligen. Man kann den Satz „Alles ist Gnade" in der Weise missverstehen, dass man die Mitwirkung des Menschen mit dieser Gottesgnade für nichts erachtet. Das wäre fatal, letztlich das Ende jeder moralischen Forderung an den Menschen, eine Missachtung wahrhaft vorhandenen, oft genug schmerzhaft und schwer erkämpften menschlichen Mühens um den guten Weg, eine Missachtung auch des klaren Wortes aus dem Jakobusbrief, dass der Glaube ohne Werke tot ist (vgl. Jak 2,17). Aber wenn wir menschliche Großtat im Gottesreich rühmend und mit Recht erwähnen, dann muss unser Lobpreis der zuvorkommenden und helfenden Gnade Gottes umso größer sein. Die allergrößten Heiligen waren vielleicht die demütigsten Heiligen, jene, die mit Maria nicht aufhörten, Gott zu preisen, der „auf die Niedrigkeit seiner Magd ... geschaut“ (Lk 1,48) hat, die ähnlich dem Hauptmann von Kapharnaum mit Überzeugung sprachen: „Herr, ich bin nicht würdig, dass du eingehst unter mein Dach, aber sprich nur ein Wort, so wird meine Seele gesund“ (vgl. Mt 8,8). Das Heiligste Herz Jesu ist im Gegensatz zu den Menschen des Lobes ohne jegliche Bedingung würdig, und es ist *allen* Lobes würdig. Jesus ist der ganz aus eigener Kraft das Gute wirkende, und zwar das ultimativ Gute. Wenn wir im Glauben bekennen, dass er uns Rettung, Erlösung, umfassendes Heil geschenkt hat, dann bedeutet das: Besseres als er hat nie jemand vollbracht. Allen Lobes ist er würdig.

Uns bleiben zwei Dinge zu tun: einmal in sein Lob einzustimmen, zweitens aber dafür zu sorgen, dass Christus auch von den anderen Menschen das Lob erhält, das ihm zusteht. Letzteres werden wir am ehesten bewirken, wenn wir ersteres als eine Sache nicht allein des Lob*gesangs*, sondern des Tatchristentums auffassen. Und dann kann sich einmal ereignen, dass wir in der Herrlichkeit unseres guten Gottes das „Lob“ erhalten, das von irdischem Lob so sehr verschieden ist (vgl. 1 Kor 4,5).

Herr Jesus Christus,
ich freue mich,
wenn andere mich mögen und schätzen.
Hilf mir,
dass auch ich es verstehe,
meinen Mitmenschen Sympathie
und Anerkennung zu schenken.
Ich weiß, wie gut diese Erfahrung tut.
Doch lass uns alle begreifen,
wie viel wichtiger es ist,
in deinem Ansehen zu stehen.
Du hast mich schon in Liebe angesehen.
Gib, dass ich mich dieser Liebe würdig erweise. Amen.

Cor Jesu, rex et centrum omnium cordium –

Herz Jesu, du König und Mitte aller Herzen

Als die Prinzessin von Wales, geborene Lady Diana Spencer, im Sommer 1997 einem Autounfall zum Opfer fiel, war die Trauer nicht nur groß, sie nahm fast hysterische Züge an. Ein veritabler Kult um die Verstorbene setzte ein, die man die „Königin der Herzen" nannte.

Dieser Ausdruck ist hierbei nicht nur hyperbolisch zu verstehen. Viele, mehr noch nach ihrem Tod als zu Lebzeiten, sahen in Lady Di etwas von ihrem eigenen Lebenstraum verkörpert. Aus gutem, aber nicht königlichem Haus stammend, wurde sie Frau des englischen Kronprinzen, bewahrte sich ein nettes, natürliches Wesen und eine gewisse Aufgeschlossenheit für soziale Belange und war gute Mutter zweier wohlgeratener Söhne. Obwohl vielleicht keine der großen weltberühmten Schönheiten, ging von Diana etwas Strahlendes, Leuchtendes aus. Und das alles in einem Leben voll Reichtum und Glamour. Als die Ehe nicht mehr funktionierte, wusste die Prinzessin sich anderweitig zu trösten. Auch das gestand ihr eine weite Öffentlichkeit gerne und überzeugt zu.

Letzteres aber lässt schon darauf schließen, wie „faul" der ganze Kult war. Der Mensch, der hier zur Ikone stilisiert wurde, ragte in moralischer Hinsicht, so weit wir in unserer Begrenztheit sehen und es in schlichtem und bescheidenem Eingeständnis eigener großer Unvollkommenheit sagen können, über seine Zeit nicht hinaus. Und Diana war über weite Strecken ihres Lebens sicherlich keine glückliche Frau gewesen. Indem sie zur „Königin der Herzen" gemacht wurde, feierte eine Welt sich selbst: in ihrer Sehnsucht nach Glanz und Schönheit und Lu-xus, durchaus auch in einem gewissen Gerechtigkeitsgefühl, mehr aber noch in ihrem Drang, sich das kleine Glück selbst um den Preis der Bindung an sittliche Imperative des Glaubens zu sichern, sie feierte sich auch in ihren vielfältigen Frustrationen. Wie gesagt: Keinem steht es zu, Steine zu werfen. Die eine Feststellung liegt aber doch wohl auf der Hand: Die Welt ist auf ihrem Weg genauso wenig glücklich geworden wie die „Königin der Herzen".

Wenn die Kirche das Herz Jesu demgegenüber „König und Mitte aller Herzen" nennt, versucht sie von wechselnden Zeitmentalitäten abzusehen und stattdessen von Gott her zu denken. Das Herz Jesu ist König, nicht weil es die Gestimmtheit der „Herzen" einer bestimmten Zeit verklärt, sondern weil es so ist, wie der himmlische Vater alle Herzen haben will – voll Liebe zu ihm und zu den Menschen. Kein Herz ist liebevoller, keines ist *herzlicher* als das Herz des Sohnes Gottes; und deswegen ist es auch die „Mitte aller Herzen", um die herum die Menschenherzen gleichsam ihre rechte „Umlaufbahn" finden wie Planeten, die um die Sonne kreisen.

Unsere Anrufung ist Lobpreis des Herzens Jesu – sie ist aber auch Appell an uns. Das Herz des Heilands muss von unseren Herzen wirklich als König anerkannt werden, das, was seine Personmitte ausmacht, muss auch uns vom Wesenskern her immer mehr erfüllen und prägen. Wir dürfen den König der Herzen nicht ins Exil schicken, nicht wie einen entthronten König behandeln. Und wir sollten daran denken, dass die Sonne das Leben unseres Planetensystems bedeutet. Wenn ein Planet die Orientierung auf die Sonne aufgeben und aus der Umlaufbahn ausscheren würde, bedeutete das ein Abtauchen in ewige Nacht. Ähnlich sind die Perspektiven, wenn wir uns von der Leben spendenden Mitte Christus abwenden und unseren Herzen eine „eigene" Orientierung zulegen wollten.

Der letzte König von Ägypten, Faruk, hat einst prognostiziert, dass es im Jahre 2000 nur noch fünf Könige auf Erden gäbe: die Königin von England und die vier Könige des Kartenspiels. So ist es nicht. Christus ist König aller Zeiten, durchaus auch im Hier und Jetzt, mehr als alle anderen zusammengenommen. Es kommt darauf an, dass wir das für uns ganz persönlich unterschreiben.

Herr Jesus Christus,
an dir finde ich immer wieder Halt,
bei dir ist gute Wegweisung.
Du bist die Mitte meines Lebens
und sollst es immer mehr werden.
Um dich und dein Wort
sollen meine Gedanken

immer stärker kreisen.
Dann fällt Licht und Freude
in mein Leben.
Wenn ich mich nur um mich selbst drehe,
dann drehe ich schließlich durch,
weil ich eben stets nur mich selbst
in meiner Armseligkeit und Begrenztheit finde.
Diesen Teufelskreis will ich durchbrechen –
auf dich hin.
Komm mir, ich bitte dich, entgegen! Amen.

Cor Jesu, in quo sunt omnes thesauri sapientiae et scientiae –

Herz Jesu, in dem alle Schätze der Weisheit und Erkenntnis sind

Das Sakrament der heiligen Firmung stand in frühen Zeiten etwas im Hintergrund. Die Vorbereitung der nach der damaligen Regel 9- bis 11-jährigen Mädchen und Jungen auf den Empfang dieses Sakramentes umfasste – wie die Älteren wissen – nur wenige Wochen; oft geschah sie im schulischen Religionsunterricht. Selbstverständlich ist damit über die Qualität dieser früheren Firmkatechese nichts ausgesagt. Der Stand des Glaubenswissens war damals im Allgemeinen recht hoch; so brauchte die Firmvorbereitung nicht wie heute aufzuarbeiten versuchen, was in Jahren gottesdienstlicher Abstinenz und manchmal unzureichenden Religionsunterrichtes versäumt worden ist. Und dennoch wurde auch im Firmunterricht wirklich etwas vermittelt und gelernt. Freilich konnte es geschehen, dass Kinder mittags aus der Schule kamen und ihren erstaunten Müttern berichteten: „Heute war der Bischof da und hat uns alle gefirmt!“ Das war in einer einfachen Schulmesse passiert, der Lehrer war Firmpate für alle 80 oder 90 Firmlinge geworden, und das Ganze hatte so wenig „feierlichen“

Charakter, dass hinterher der Unterricht in der Schule nach Lehrplan fortgesetzt wurde. Die Eltern einzuladen, war vonseiten des Klerus und der Lehrer nicht für wichtig gehalten worden. Ob dieser krasse Fall die Regel war, vermag ich nicht zu sagen, aber er beschreibt ein wirkliches Vorkommnis in einer Düsseldorfer Pfarrei noch in den 60er Jahren des 20. Jahrhunderts. Einer der Pfarrer, bei dem ich als Kaplan diente, war unter den Firmlingen gewesen.

Heute wird der Firmung zweifellos eine höhere Bedeutung zugemessen – vielleicht auch, weil in stärkerem Maße ersichtlich wird, wie sehr der einzelne Christ des Gnadenbeistandes des Heiligen Geistes bedarf, der bei der Firmung mitgeteilt wird. So ist es für uns bedeutsam, dass vom Herzen Jesu ausgesagt wird, dass in ihm „alle Schätze der Weisheit und der Erkenntnis" (Kol 2,3) enthalten sind.

Weisheit und Erkenntnis zählen ja zu den Gaben des Heiligen Geistes. Die Verbundenheit des Göttlichen Herzens mit dem Heiligen Geist – der aus dem Vater *und dem Sohn* hervorgegangen – ist hier unterstrichen; für uns eine wichtige Erinnerung daran, dass an jedem Tun *einer* göttlichen Person die beiden anderen mitbeteiligt sind. Wenn auch, vom Alten Bund her, Christus selber *die* „Weisheit" genannt werden kann, so geht es hier um Weisheit und Erkenntnis als Gnadengeschenke, die die Dritte der Personen der einen Gottheit in unlösbarer Verbindung mit den anderen uns zuteil werden lässt.

„Herz Jesu, in dem alle Schätze der Weisheit und der Erkenntnis sind" – diese Anrufung der Herz-Jesu-Litanei macht deutlich, dass wir diese Gaben des Heiligen Geistes in dem Maße besitzen, wie wir „christusförmig“ sind, denn in ihm, unserem Heiland, der uns den Gottesgeist mitteilt, ist die Fülle dieser Schätze. So werden wir hier eingeladen, mit Christus „konform“ (Kardinal Meisner) zu werden.

Wer Weisheit und Erkenntnis sucht, der sollte bedenken, dass sie letztlich nicht bei Yogis und in der Esoterik (Weisheit), noch in kalter Wissenschaft (Erkenntnis) zu finden sind. Die rechte Sicht und Beurteilung der Dinge und Verhältnisse, rechte Erkenntnis auch des Menschen, das also, was wir Weisheit nennen, wie auch die wirkliche Wissenschaft dessen, der alle Erkenntnis als ein Stück des Gesamt-Bauplans versteht, nach welchem Gott die Welt schuf und ordnete, wird im tiefsten in Christus gefunden; von ihm geht der Geist mit all seinen Gaben aus.

Aus dem wahren Weisheits- und Erkenntnisquell zu schöpfen – wie wichtig ist das, um in einer aus dem Gleichgewicht geratenen und undurchsichtigen Welt den klaren Blick zu gewinnen und zu behalten. Der ewige Gott hat sich Weisheit und Erkenntnis auf die Fahnen geschrieben. Sie sind Ausfluss seiner Gottheit. So werden sie notwendig sieghaft sein. Aber möchten vor diesem großen Sieg am Ende der Zeiten immer mehr Teilsiege errungen werden – in den Herzen von uns Menschen!

Herr Jesus Christus,
bei dir ist jeglicher Reichtum zu finden.
Ich bitte dich um den rechten Blick,
damit ich die Dinge so sehen kann,
wie sie sind,
und damit ich die Not und die Bedürftigkeit
meines Nächsten nicht übersehe.
Ich erbitte Weisheit und Erkenntnis,
nicht um mich selbst damit zu schmücken,
sondern um dir nahe zu sein und
meinen Brüdern und Schwestern zu nützen.
Teile dich mir mit, du wahre Weisheit,
schenke mir das Licht wahrer Erkenntnis.
Gib mir alle Gaben deines Heiligen Geistes
für das Wachstum deines Reiches. Amen.

Cor Jesu,
in quo habitat omnis
plenitudo divinitatis –

Herz Jesu, in dem die ganze Fülle
der Gottheit wohnt

Gegenüber dem Göttlichen ist der Mensch nicht einmal ein Stäubchen, er ist ein Nichts. Das haben die Gläubigen aller Religionen tief erspürt. Deswegen brachten sie ihre kostbarste Habe zusammen, um die Tempel ihrer Gottheiten damit zu zieren, deswegen schichteten sie in den alten Kulturen Tausende um Abertausende der besten Tiere ihrer Herden auf die Brandopferaltäre, deswegen legten sie ihrem eigenen Körper manche strengen Entbehrungen auf. Sie gaben der Gottheit, was sie hatten und konnten – und blieben sich (zumindest die Klarsichtigen unter ihnen) doch immer bewusst darüber, dass all das im Angesicht der unermesslichen Majestät Gottes weniger als nichts sei. Noch das Volk des Alten Bundes, die Juden mit ihrem durch die Offenbarung schon gereinigten und geheiligten Gottesbegriff, scheuten sich aus Ehrfurcht, den Gottesnamen Jahwe auch nur zu schreiben und sprachen stattdessen von „Adonai", dem Herrn. Ehrfurcht des kleinen Menschen vor der unermesslichen

Machtfülle des Dreifaltigen Gottes ist auch dem Christen etwas Selbstverständliches, oder sollte ihm doch zumindest wieder etwas Selbstverständliches werden. Doch ist als zweiter wichtiger Pol christlicher Frömmigkeit auch immer zu bedenken, dass der unendliche Gott in seiner Liebe den Abgrund zum Menschen übersprungen hat. Wir haben das große Glück, dass die Fülle der Gottheit nicht vernichtend und zermalmend, sondern gleichsam in „herzlicher Form" an uns herantritt.

„Herz Jesu, in dem die ganze Fülle der Gottheit wohnt" (vgl. Kol 2,9; 1,19) – bei dieser Anrufung müssen wir an Jesu Wort an Philippus denken: „Wer mich gesehen hat, hat den Vater gesehen" (Joh 14,9). Christus zeigt uns als Sohn Gottes, wie Gott ist! Und wenn das Herz Jesu, Sinnbild der Liebe, mit der Allmacht, der Machtvollkommenheit Gottes, mit dem, was Gott zu Gott macht, so eng verknüpft wird, dass es geradezu als dessen „Form" erscheint, dann bleibt nur der Rückschluss: Von der Gottheit in ihrer Fülle zu sprechen, bedeutet von der Liebe in unermesslicher Göttlichkeit zu künden.

In Christus hat das unergründliche Gottesgeheimnis einen menschlich nennbaren Namen bekommen. Wer immer sich Gott in seiner Allmacht nahen will, um dann auch die herrliche Erfahrung seiner Liebe zu machen, ist gut beraten, eine christozentrische Frömmigkeit zu pflegen. Die Glaubenswelt frommer Menschen ist heute zuweilen aus sehr verschiedenen Elementen zusammengesetzt: ein Quantum Eucharistiefrömmigkeit, verbunden vielleicht mit der Botschaft einer bestimmten Marienerscheinung, der Schutzengel, Pater Pio, die Botschaft der Schriften von Maria von Agreda, der von den Psalmen genährte Inhalt charismatischen Liedgutes – all das steht bunt und öfter unverbunden nebeneinander. Dabei fehlt dann manchmal der große, kraftvolle, alles verbindende Zug. Was könnte das anders sein als die Liebe zu Christus, zu ihm, der im Sakrament unter uns wohnt und in uns einkehrt, der uns seine heilige Mutter als Fürsprecherin und Weggeleiterin gegeben hat, der uns seinen Engel sendet, der groß ist in seinen Heiligen, von dem nicht nur die Psalmen vorerklärend sprechen, sondern die ganze Gottesoffenbarung begeisternd kündet! Wenn wir zu einer wirklich christozentrischen Frömmigkeit finden, gewinnt unser Glaubenshaus an innerer Festigkeit. Christusfrömmigkeit ist starke Frömmigkeit, tauglich gerade für eine Welt, in der wir angefragt und angefochten sind.

Herr Jesus Christus,
ich freue mich,
dass du wahrer Gott
und wahrer Mensch bist.
Weil du Mensch geworden bist,
kennst du mein Leben
mit all seinen Höhen und Tiefen,
so dass ich ganz tiefes Vertrauen
zu dir haben kann.
Weil du Gott bist,
darf ich daran glauben,
dass du mich wirklich rettest.
Hilf mir,
den Glauben an deine Gottheit
wie an deine Menschheit

treu festzuhalten,
damit mir nichts entgehe
von der Fülle der Kraft
und des Trostes,
den du schenkst. Amen.

Cor Jesu,
in quo pater sibi bene complacuit –

Herz Jesu,
das dem Vater wohlgefällt

Wer dächte bei dieser Anrufung nicht an die biblische Erzählung über die Taufe Jesu, bei der eine Stimme vom Himmel erscholl: „Das ist mein geliebter Sohn, an dem ich Gefallen gefunden habe“ (Mt 3,17). Immer wieder haben sich gerade auf dieses Geheimnis der Taufe Jesu falsche, irrige Lehrmeinungen bezogen, die behaupteten, Jesus sei nicht von Ewigkeit her der wesensgleiche Sohn Gottes gewesen, sondern sei erst in der Taufe am Jordan vom himmlischen Vater gleichsam „adoptiert“ worden. Die Kirche hat solche Häresien zurückgewiesen, die in der Heiligen Schrift kein Fundament finden. Wenn über Christus, über das Herz Jesu, gesagt wird, es gefalle dem Vater im Himmel, dann ist das für uns gerade ein Erweis der göttlichen Würde Christi. In alter Zeit ergingen Befehle der Herrscher oft mit der Formel: „Es gefällt dem König dies oder jenes, es gefällt ihm, dieses oder jenes anzuordnen ...“ Dieses Gefallen zeigte den Untertanen, dass da etwas aus dem Herzen der Majestät hervorging. Wenn es von Jesus heißt, der Vater habe an ihm sein Gefallen, betont das sein Einssein mit dem Vater, aus dem er, wie das Große Glaubensbekenntnis sagt, vor aller Zeit geboren ist.

„Herz Jesu, das dem Vater wohlgefällt" – diese Anrufung lässt uns noch einen weiteren Gedankengang verfolgen. Was ist es eigentlich, was dem Vater an *uns* Menschen gefällt? Dass wir nach seinem Bild erschaffen sind? Vielleicht. Aber dieses Bild Gottes ist doch durch die Sünde schwer beschädigt worden. Christus musste es erst wiederherstellen, aber noch heute beflecken und verschmutzen wir es durch unseren mangelnden Eifer für Gottes Gebot.

In der VII. Sonntagspräfation der heiligen Messe findet sich nämlich ein auf den ersten Blick ziemlich merkwürdiger Satz. Er lautet: „Er (Christus) ist uns Menschen gleich geworden in allem, außer der Sünde, damit du in uns lieben kannst, was du in deinem eigenen Sohn geliebt hast." Der Herr Jesus Christus steht im Wohlgefallen des Vaters. Indem er Mensch geworden ist wie wir, um uns zu erlösen, hat er uns sündige Menschen dem Vater eigentlich erst wieder liebenswürdig gemacht. Das Wohlgefallen des Vaters, das sich über Christus breitet, gilt seitdem auch uns, so wie ein irdischer Vater den Freunden seines Sohnes – zunächst zumindest – mit Wohlgefallen gegenübertritt. Und wenn wir eben sagten, dass das Wohlgefallen des Vaters für Christus dessen Einheit mit ihm besagt, so bedeutet die Tatsache, dass wir durch den Heiland Zugang zu diesem Wohlgefallen fanden, unsere Hineinnahme in das Leben der göttlichen Personen.

Gebe das Herz Jesu Christi, dass unsere Existenz sich einer Begnadung würdiger erweist, die unsere Sprache auszudrücken sich fast scheut!

Herr Jesus Christus,
voller Staunen entdecke ich
an vielen kleinen und großen Dingen
und Ereignissen meines Lebens,
wie sehr die göttliche Liebe mich umschließt –
trotz meiner Kleinheit und meines Versagens.
Es tut so gut zu erkennen,
wie sehr du ja zu mir sagst.
Ich bin dir und durch dich
dem himmlischen Vater liebenswert
und liebenswürdig.
Der Gedanke daran macht mich stark
für die Prüfungen und Schwierigkeiten
des Lebens.
Sie können mich beugen,
aber nicht zerbrechen.
Du selbst stärkst mir den Rücken. Amen.

Cor Jesu, de cujus plenitudine omnes nos accepimus –

Herz Jesu, aus dessen Gnade wir alle empfangen

Es ergreift den Betrachter manchmal tief, wenn er auf Ferienreisen die Kathedralen fremder Städte besucht und dabei auch bei den Bischofs- und Domherrengräbern der Vorzeit verweilt. Wie sehr berührt es den Lesenden, wenn sich am Ende glänzender Lebensläufe etwa der Hinweis findet: „Nunc ossa et cinis – nunmehr Gebein und Asche". Oder, wie der fromme Kardinal Barberini sich auf sein Grabmal schreiben ließ: „Hic iacet pulvis et nihil – hier liegt Staub, sonst nichts." So groß sie in dieser Welt auch waren, zumindest in ihren besten Momenten haben diese Menschen daran gedacht und es in Demut empfunden, wem sie sich verdanken. Es war ihnen ein Anliegen, gleichsam als ihr letztes Vermächtnis der Nachwelt die Wahrheit ins Gedächtnis zu rufen, dass Gott letztlich allein der Große ist.

Mit tiefer Symbolik tritt dieser Gesichtspunkt, eigentlich Dreh- und Angelpunkt unseres menschlichen Lebens, bei den Begräbnissen im Herrscherhaus der Habsburger hervor. Beim Begräbnis der Kaiserin Zita ist das alte

Ritual wohl wieder in ein breiteres Bewusstsein getreten: Als der Leichenzug am Portal der Wiener Kapuzinerkirche angekommen war, wurde an die verschlossene Kirchentür geklopft. Aus dem Inneren fragte die Stimme eines Ordensmannes, wer da Einlass begehre. Der Zeremonienmeister rief von draußen die Liste der Titulaturen aus, die – im sogenannten „Großen Titel" – 40 verschiedene Würden umfasste, welche auswendig zu lernen zu Zeiten der alten Donaumonarchie der Albtraum aller österreichisch-ungarischen Schulkinder gewesen ist. Aber nach der Verlesung geschah nichts! Es erfolgte ein weiteres Anklopfen am Portal, wieder wird die Frage nach dem gestellt, der da das Innere des Gotteshauses betreten wolle. Neuerlich eine – kürzere – Titulatur, wiederum Schweigen aus dem Inneren der Kirche. Die Tür blieb geschlossen. Drittes Klopfen an die Tür, noch einmal die Frage des Kapuziners. Und jetzt wurde aller Glanz der Erde beiseitegelassen, und die Antwort lautete ganz schlicht: ein sterblicher, sündiger Mensch! Nun endlich tat sich das Tor auf, und der Leib der verstorbenen Zita konnte zu ihrer letzten irdischen Ruhe gebettet werden.

Ja, Demut unsererseits ist vor Gott am Platze! „Durch Gottes Gnade bin ich, was ich bin", sagt der heilige Paulus, „und sein gnädiges Handeln an mir ist nicht ohne Wirkung geblieben (1 Kor 15,10). Aus seiner Fülle, aus der Liebesfülle des Göttlichen Herzens empfangen wir alle „Gnade über Gnade" (Joh 1,16). Einmal mehr wird hier in unserer Litanei das Thema „Demut" aufgegriffen. Wir Menschen haben mit der Gnade zusammenzuwirken. Aber wunderschön ist es, dass ich Gott in allem gnadenhaft um mich bemüht weiß!

Manche Menschen schreiben heute Hunderte von Bewerbungen, wenn sie einen Arbeitsplatz haben wollen, und sie müssen es tun, wenn sie in dem gnadenlosen Wettbewerb unserer Zeit bestehen wollen. Sie müssen sich selbst anpreisen. Die Unwahrhaftigkeit solchen Verfahrens ist allen Einsichtigen klar. So flexibel, kooperativ, teamfähig, belastbar, wie man sich bei der Bewerbung gibt und bezeichnet, kann man gar nicht sein, will man nicht den vorzeitigen Herztod sterben. In Wahrheit wäre einmal zu überlegen, ob nicht ein Verfahren geschaffen werden kann, in dem nicht die Lüge Triumphe feiern muss. Gott sei Dank ist es Wahrheit, dass in meinem Tun und Wirken noch jemand Stärkerer mit im Spiel ist. Ich brauche mich nicht für perfekt zu halten. Ob das im Geschäfts- und Erwerbsleben jemals relevant werden kann? Von höchster Relevanz aber ist es für das Christenleben insgesamt.

Herr Jesus Christus,
lehre mich das Geheimnis
der offenen Hände!
Alles Gute in meinem Leben
habe ich aus Gottes Hand empfangen.
Wie oft wusste ich nicht weiter.
Da warst du es,
der meinen Schritten
wieder Raum verschafft hat.
Wie oft erlebte ich meine Schwäche –
und du hast sie in Stärke verwandelt.
Wie oft war und bin ich Armut.

Und deine Antwort besteht immer neu
im Geschenk deines göttlichen Reichtums.
Bewahre mich vor dem Wahn zu glauben,
ich könnte aus eigener Kraft
mein Glück für Zeit und Ewigkeit bewirken.
Bewahre mich davor,
dass ich meine Hände
zu trotzigen Fäusten balle,
die nicht fähig sind,
deine Gnade aufzunehmen.
Rette mich vor der Verkrampfung
in mich selbst
und vor Neid und Wut auf die anderen.
Nimm du selbst meine Hände
und forme sie zu Schalen,
in die du dein Erbarmen hinein verschenkst.
Amen.

Cor Jesu, desiderium collium aeternorum –

Herz Jesu, du Sehnsucht der Schöpfung von Anbeginn

Ein Mann, der sonntags nie zur heiligen Messe ging, wurde von seinem Pfarrer nach dem Grund gefragt. „In der Natur fühle ich mich Gott besonders nahe", antwortete er etwas verlegen, „viel näher als in der Kirche!" Daraufhin soll ihm der schlagfertige Geistliche, der seine Pappenheimer kannte, nahegelegt haben, sich dann aber auch später vom Oberförster beerdigen zu lassen.

Es ist wahr, nirgends ist Gottes Gegenwart „dichter" als dort, wo er selbst unter uns sein Zelt aufgeschlagen hat, in seinem Haus, in dem er im Tabernakel sakramental gegenwärtig ist. Auf die sonntägliche Begegnung mit Gott in der Gemeinschaft der Kirche, die Christi Tod und Auferstehung feiert, wird der bewusste Christ nicht wegen eines Sonntagsspaziergangs verzichten. Dass wir aus der Betrachtung der geschaffenen Dinge auf den Schöpfer rückschließen dürfen, dass uns das weite Meer oder eine grandiose Bergkette an Gott erinnern, ist freilich auch Element kirchlicher Lehre.

Gerade die Berge in ihrer Festigkeit, Gewaltigkeit und Majestät künden im Empfinden vieler vom ewigen Gott. So war es schon beim alttestamentlichen Volk Israel. Und immer wieder waren den Israeliten Berge Orte der Gottesbegegnung oder doch des Gotteshandelns. Auf dem Gebirge Ararat setzt die Arche der vor der Sinnflut Geretteten auf, auf dem Berg Sinai empfängt Mose aus Gottes Hand die Gesetzestafeln; auf den Bergen von Gilboa erfüllt sich das Schicksal Sauls, der gemeint hatte, an Gott vorbeiregieren zu können. Auf dem Zion schließlich errichtet Salomo dem Herrn die Wunderpracht des Tempels. Neutestamentlich setzt sich diese Linie fort. Dem Berg Sinai entspricht im Neuen Bund der Berg der Bergpredigt; auf dem Tabor geschieht die Verklärung, auf Golgatha die Welterlösung, vom Berg der Himmelfahrt her sendet der Herr seine Kirche aus bis an die Enden der Erde. In der Perspektive der Heiligen Schrift sind die Berge aber nie Werte in sich, noch ist an sie ausschließlich Gottes Handeln geknüpft. Als die Ratgeber des Königs von Aram die Behauptung aufstellen, der Gott Israels sei außerhalb der Berge ohnmächtig, tritt der Herr selbst den im wahrsten Sinne des Wortes „schlagenden" Gegenbeweis an (vgl. 1 Kön 20,23; 28-29). Gott nimmt die Berge in Dienst, er ist nicht an sie gebunden. Wenn sie sich Gott entgegensetzen, müssen sie weichen (vgl. Jes 49,11). „Versetzen" kann Berge nach dem Wort Christi sogar der, welcher an Gott glaubt (vgl. Mt 21,21).

Was ist nun gemeint, wenn die Herz-Jesu-Litanei die Personmitte des Heilands die „Sehnsucht der ewigen Hügel" nennt? Denn so ist unsere Anrufung wörtlich zu übersetzen. Wenn Gott sein Heilshandeln öfter auf Bergen vollzieht, wie um es unübersehbar zu machen, so rufen letztlich all seine Heilstaten nach der endgültigen Erlösungstat in Christus. Die Erfüllung von Ararat, Sinai und Tabor heißt Kalvaria. Die Kette der Wohltaten von Ewigkeit her – „die ewigen Hügel" – läuft auf das Opfer Christi, des Sohnes Gottes, hinaus.

Eine weitere Annäherung an unsere Anrufung ergibt sich, wenn man den Jakobssegen über Joseph zur Hilfe nimmt, und wir gehen wohl nicht fehl, wenn wir annehmen, dass hier der direkte biblische Bezugspunkt unserer Anrufung liegt: „Deines Vaters Segen übertrifft den Segen der uralten Berge, den man von den ewigen Hügeln ersehnt" (Gen 49,26). Die „ewigen Hügel" mögen hier gleichzusetzen sein mit den Geschlechtern der Vorväter, oder mit der Schöpfung insgesamt. So sind Übersetzungen wie „Sehnsucht der Altväter" oder eben „Sehnsucht der Schöpfung von Anbeginn", wie sie für unsere Anrufung vorgeschlagen werden, sicher am Platze. Die Schöpfung wurde praktisch sofort nach ihrem „Komplettwerden" mit der Erschaffung des Menschen gestört – durch dessen Sünde. Sie sehnte sich nach dem ehemals vorhandenen Frieden mit Gott zurück. Deswegen hat sich die Schöpfung von Anbeginn nach Christus gesehnt, der diesen Frieden wiederhergestellt hat. Von hier aus ergibt sich der Bezug der Anrufung zu unserem Leben:

– Auch wir haben manchmal Sehnsucht nach der Wiederherstellung des ehemals besessenen Guten. In Gott ist alles aufgehoben und eingeborgen, was am Verlorenen gut gewesen ist. In Gott werden wir es wiederfinden: Personen, Erinnerungen, Gefühle ...

– Die Sehnsucht der Menschen kann groß sein. Wie viel am Leben dieser Welt, Gutes und Bedenkliches, ist von der Sehnsucht danach gesteuert, dass alles oder überhaupt noch irgendetwas – gut werden kann! Unsere Anrufung macht uns Mut zu glauben, dass die Weltkugel nicht in die ewige Finsternis hineinrollt, sondern dass sie in Gottes Hand zurückfällt – in jene Hand, aus der sie hervorgegangen ist. Bei Gott verhallt der Schrei nach Erlösung nicht ungehört. Er stillt die „ewige" Sehnsucht der Schöpfung.

Herr Jesus Christus,
das Volk Israel hat dein Kommen
voll Sehnsucht erwartet,
ja seit noch viel ferneren Tagen
sehnte sich die Schöpfung danach,
dass sie in den verlorenen Frieden mit Gott
wieder hineingeholt würde.
Ich darf dir immer wieder begegnen –
in der heiligen Eucharistie,
in deinem Wort,
im Antlitz meines Nächsten.
Aber du hältst noch Größeres für mich bereit.
In der Herrlichkeit des Himmels
werde ich dich
von Angesicht zu Angesicht sehen dürfen.
Du wirst dann im unverhüllten Glanz
deiner Gottheit vor mir stehen
und ich werde die Größe deiner Liebe
zu mir erkennen.

Die Fülle der Faszination
wird mich ergreifen
und nicht mehr loslassen.
Nur dort wird meine Sehnsucht
nach dem Schönen,
nach der Liebe,
nach der Geborgenheit ganz gestillt.
Ich will so leben,
dass in meinem Herzen diese Sehnsucht
nach dem Größten lebendig bleibt.
Nichts soll jemals an deine Stelle treten,
du Ziel meines Sehnens und Hoffens.
Hilf mir, dass ich dich nicht verfehle.
Amen.

Cor Jesu, patiens et multae misericordiae –

Du Herz, geduldig und voll Erbarmen

Der heilige Johannes Maria Vianney, später Pfarrer von Ars, hatte das Glück, auf seinem Weg zum Priestertum von einem außergewöhnlichen geistlichen Mentor begleitet zu werden: Abbé Balley. Balley war ihm nicht nur durch Frömmigkeit und Seelsorgseifer ein Vorbild, sondern auch eine unerschöpfliche Quelle der Ermutigung. Vianney, der Bauernsohn, war hochintelligent – aber mit den Studien im Priesterseminar wollte es dennoch nicht recht vorangehen. Lateinisch als Vorlesungs- und Prüfungssprache stand einem erfolgreichen Lernen des späteren großen Heiligen wie ein unübersteigbares Hindernis im Weg. Es gab Misserfolge über Misserfolge, unterbrochen durch Privatstunden bei Balley, größte Vorbereitungsmühen auf die Examina. Schließlich wurde der frustrierte Seminarist nach Hause entlassen. Pfarrer Balley aber war durch alle „Schiffbrüche“ hindurch von der Berufung Vianneys überzeugt, wusste ihn neu zu motivieren und „aufzubauen“.

Er machte keine Vorwürfe, gebrauchte keine harten Worte, sondern verharrte in ruhiger, siegesgewisser Solidarität. Nach dem faktischen Hinauswurf des unglücklichen Jungen aus dem Priesterseminar aber lief Balley gleichsam zur Hochform auf.

Er nahm die theologische Ausbildung Vianneys selbst in die Hand, erlebte die glorreiche Belohnung seiner Geduld und Sorge. 1815 wurde sein Schützling zum Priester geweiht. Dass Johannes Maria einer der größten Priester der Kirche wurde, wird hingegen Bestandteil der *ewigen* Freude des alten Pfarrers geworden sein.

Geduld zu haben und zu üben, ist etwas, das bisweilen ans Heldenhafte grenzen kann; auch manche Heilige hatten Schwierigkeiten mit dieser Tugend. Und dennoch ist sie uns allen durch das Lebensvorbild Jesu aufgetragen. Ja, erbarmungsvolle Geduld war das Erdenleben Jesu Christi, wie die Evangelien es uns schildern, und ebenso ist Geduld seine Haltung uns Sündern gegenüber vom Himmel her. Noch ist Gnadenzeit, noch können wir eine ganze glückselige Ewigkeit gewinnen! Wenn der Herr uns so begegnet, dürfen wir dann untereinander anders verfahren?

Die einzige Grenze, die unsere Geduld dem Nächsten gegenüber kennen darf, ist erreicht, wenn Gottes Ehre verletzt wird. Die Tische derer, die Gottes Haus zu einer Räuberhöhle und Wechselstube machten, hat Christus umgestürzt, und wenn er mit verstocktem Unglauben konfrontiert wurde, wie am Lazarusgrab, konnte er schon einmal „im Geiste ergrimmen“ (vgl. Joh 2,13-16; vgl. Joh 11,38). Aber solche „Ausbrüche“ Jesu waren punktuell, hatten pädagogische Ziele und wurden wieder von offenkundigen Erweisen von Huld und Erbarmen abgelöst. All das sollten wir bedenken, wenn wir meinen, „um Gottes willen" die Geduld verlieren zu müssen. Außerdem ist es etwas anderes, wenn Jesus, der Allwissende und Allgute, ungeduldig wird und wenn wir in diese Lage kommen. Jesu Gemütsregung ist in jedem Fall berechtigt, wir hingegen müssen aufpassen, dass wir über dem Splitter im Auge des Bruders den Balken im eigenen nicht vergessen (vgl. Mt 7,4-5).

Unrecht und Sünde können wir nie gutheißen, aber Ungeduld sollten wir uns möglichst selten leisten. Lieber ist dreimal zu überlegen, bevor ich mich aufrege, eingeschnappt reagiere, eine beleidigte Reaktion zeige, Porzellan zerschlage. Die „Aufräumarbeiten" nach solchem Zorneswüten sind sehr aufwendig. „Mit 'nem Löffelchen voll Zucker nimmst du jede Medizin", heißt es in einem Musical. Dem anderen wird ein schlechter Dienst erwiesen, wollte ich ihm Christi Forderungen abmildern oder verschweigen. Ich muss jedoch versuchen, ihn weniger durch ein hartes Wort (es *kann* notwendig sein) als durch ein leuchtendes Beispiel zu führen.

Es kommt darauf an, eher zu überzeugen als quasi-militärisch zu befehlen. Geduld führt zu solchem Tun, das im Lateinischen „persuadere" heißt. Wörtlich bedeutet das: es jemandem süß zu machen uns zu folgen, und das muss heißen, Christus zu folgen, sonst sind wir *Ver*führer. Wohlverstanden: Solche Geduld ist *anderen* gegenüber angebracht. Aliis non sibi Clemens, war der Wappenspruch eines Kirchenfürsten, der diesen Namen trug. Anderen gegenüber ist er gütig, nicht zu sich selber.

Sicher bedarf es für uns Menschen einer Grundannahme unserer selbst: „Du sollst deinen Nächsten lieben wie dich selbst“, ruft uns Christus zu (vgl. Mt 22,39).

Aber ich liebe mich selbst am besten, wenn ich darauf bedacht bin und mich bestrebe, Christus treuer zu dienen. Die Liebe, die ich anderen in Form von Geduld und Nachsicht schenke, bedeutet – auf mich selbst angewandt – manchmal, dass ich mich zurückzunehmen habe – damit das *führende* Beispiel, von dem wir oben sprachen, zustande kommt.

Herr Jesus Christus,
ich bewundere deine Geduld
und wünsche mir,
dass ich sie immer besser nachahmen kann.
Vertreibe die Hektik,
den Zorn,
die Unbarmherzigkeit aus meiner Seele.
Sie vergiften das Zusammenleben
von uns Menschen.
Wenn es wahr ist,
dass ich von *deiner* Geduld lebe
(und wie sehr spüre ich, dass es sich so verhält),
dann schulde ich den anderen
einfach *meine* Geduld.
Lass mich von dir lernen. Amen.

Cor Jesu, dives in omnes, qui invocant te –

Herz Jesu, reich für alle, die dich anrufen

„Es ist nichts schwerer, als an anderer Leute Geld zu kommen!“ Diese „Lebensweisheit“ bestätigt sich dem leicht, der um Rentenansprüche oder um Auszahlung bestimmter Versicherungssummen kämpft. Was aber vom Materiellen gilt, das meinen manche Zeitgenossen auch von geistigen und Gefühlswerten in Freundschaft, Beziehung und Ehe sagen zu können. „Man selber gibt nur immer und müht sich, aber man bekommt nur wenig heraus – an Solidarität, Treue, Liebe“ – so ist deren Auffassung.

Hier ist sicherlich größte Vorsicht angebracht: Geht es uns denn um ein „do ut des“: Ich gebe, damit du gibst? Weswegen tun wir denn anderen eigentlich Gutes? Um uns „rückzuversichern“, dass auch wir einmal nicht mit leeren Händen dastehen? Um gleichsam eine Belohnung zu erlangen? Jesus lehrt uns ausdrücklich, dass wir auch dort Gutes tun sollen, wo wir nichts dafür erhoffen können (vgl. Lk 6,35). Und wir wollen gerecht sein: Sicher wird mancher von anderen ausgenutzt (wobei sich in wohl nicht allzu seltenen Fällen jemand auch gerne ausnutzen lässt, den Mitmenschen die Ausnutzung der eigenen Persönlichkeit geradezu anträgt). Insgesamt aber müssen wir doch fragen: Sind wir nicht zuweilen auch überrascht gewesen über das, was andere uns Liebes tun? Kam es nicht zuweilen in solcher Fülle und Tiefe auf uns zu, wie wir es nie erwartet hätten?

Was freilich wahr ist: Auf Erden bleibt dem übergroßen Sehnen des Menschen immer etwas zu wünschen übrig. Nicht aber in Gott, denn das Herz Jesu ist reich für alle, die es anrufen (vgl. Röm 10,12). Auf Erden können wir schon etwas davon erahnen. Der Gedanke daran ist deswegen keine Vertröstung, sondern eine Stärkung für die Jetztzeit. *Allen* gilt sie.

Papst Johannes Paul II. hat am 21. März 1993 eine junge Chilenin, eine Karmeliterin, Schwester Teresa von Los Andes, heiliggesprochen, die von 1900 bis 1920 lebte. Sie fasst das, worum es uns hier geht, in einer wunderschönen Betrachtung zusammen: „Gibt es etwas Gutes oder Schönes oder Wahres, das wir uns außer in Jesus vorstellen können? Er ist die Wahrheit, für die es kein Geheimnis gibt; Macht, der nichts unmöglich ist; Gerechtigkeit, die ihn hat Mensch werden lassen, um für die Sünde zu sühnen; Vorsehung, die immer vorsorgt und Leben spendet; Barmherzigkeit, die niemals aufhört zu verzeihen; Güte, die über die Beleidigungen seiner Geschöpfe hinwegsieht; Liebe, die Zärtlichkeit einer Mutter, eines Bruders und eines Bräutigams in sich vereint und sie zuinnerst seinen Geschöpfen mitteilt, da sie dem Abgrund seiner Größe entströmen ... Was entdeckst du in dieser Botschaft des Evangeliums anderes als ein gutes, sanftes, zärtliches und mitleidvolles Herz, das Herz eines Gottes? Er ist mein unendlicher Reichtum, meine Seligkeit, mein Himmel.“

Herr Jesus Christus,
du willst, dass wir dich anrufen.
Vertrauensvolles Bitten
bleibt bei dir nicht unerhört.
Dich anzurufen,
dich zu bitten,
ist der Schlüssel,
der uns den Schatz
deines Reichtums erschließt:
Ich will diesen Schlüssel
oft und gern gebrauchen.
Das Gebet, das Gespräch mit dir –
ich will es pflegen als etwas,
das ich zum Leben brauche.
Es gibt nichts Bedeutenderes,
zu dem ich auf Erden in der Lage wäre,
als den vertrauensvollen Dialog mit dir.
Gib mir die Gnade eines guten Gebetes. Amen.

Cor Jesu, fons vitae et sanctitatis –

Herz Jesu, du Quell des Lebens und der Heiligkeit

„Ein komischer Heiliger!“ Mit diesem Prädikat wird manchmal ein etwas seltsam anmutender Zeitgenosse belegt. Der Ausruf ist verräterisch: Zwar waren jene Menschen, die wir als Heilige kennen und verehren, froh und hatten Humor. Doch „komisch“ im Sinne von „befremdlich“ oder lächerlich ist ihr Leben eigentlich niemals gewesen.

Wir sind vielfach unsicher geworden, was „Heiligkeit“ eigentlich ist. Das II. Hochgebet der heiligen Messe spricht demgegenüber eine klare Sprache: Gott wird hier als „Quell aller Heiligkeit“ bezeichnet. Demzufolge bedeutet Heiligkeit das Leben in und bei Gott, uneingeschränktes, vollständiges Leben, ohne Tränen, Mühsal und Klage, ein Leben, in dem wir die glücklichsten Momente unseres Lebens noch ins Unendliche hinein gesteigert finden, ewige Faszination, Leben im Vollsinn. Der aber ist heilig, der in dieses Leben hineinpasst.

„Heilig“ meint also gerade das Gegenteil von „verstaubt“. Das zu verdeutlichen, wäre vordringliche Aufgabe heutiger christlicher Verkündigung – ist es doch Gottes Wille, dass wir heilig werden, in die Lebensfülle bei ihm eintreten. Eine in den letzten 40 Jahren zu beobachtende Hilflosigkeit gegenüber den Heiligen, eine gewisse rationalistische Kühle, die jede echte Begeisterung tötet, eine Vermittlung des Begriffs der Heiligkeit im Sinne eines trockenen theologischen Fachterminus – all das rächt sich jetzt.

Heute muss die *Vitalität* der Heiligkeit glaubhaft verkündet werden. Der katholische Priester und Maler Herbert Falken hat einmal gesagt: „Ich male immer Auferstehung, nur nicht diese Pappkameraden und Klischees, die die Leute haben." So müssen wir auch Heiligkeit „malen", gläubig, wahrhaftig, anziehend. Wir müssen sie malen mit den Pinselstrichen einer kraftvollen Verkündigung und eines überzeugenden Lebens.

Wenn das Herz Jesu uns Heiligkeit schenken will, indem wir uns ihm anheimgeben, seine Hingabe an den Vater, seine Liebe zu den Menschen nachahmen, schenkt es uns damit zugleich das Leben in des Wortes vollster Bedeutung. „Heiligkeit" und „Leben" können hier praktisch synonym verstanden werden. Wenn uns früher der Spruch eingeprägt wurde: „Eins hab' ich mir vorgenommen: In den Himmel muss ich kommen", so drückt sich in diesem geschmähten Wort richtig verstanden gerade nicht die Welt- und Lebensflucht, sondern höchster Lebenshunger aus.

Herr Jesus Christus,
du möchtest,
dass ich heilig werde,
dass ich ganz und für immer dir gehöre.
Ich selbst würde nie zu hoffen wagen,
so weit zu kommen.
Aber du traust mir zu,
dass ich es schaffe,
und mehr noch:
Du sagst mir deine Hilfe zu.
Ich fühle mich wie ein Kind
vor dem Sprung über ein Hindernis.
Es wagt zu springen,
wenn ein lieber, vertrauter Mensch
auf der anderen Seite steht,
ihm ermunternd zunickt
und ihm eine starke Hand entgegenstreckt.
Hilf mir,
mein Licht vor den Menschen
leuchten zu lassen,
damit sie den Vater im Himmel preisen –
und damit der Glanz
deines himmlischen Lichtes
einst auch mich umkleidet. Amen.

Cor Jesu, propitiatio pro peccatis nostris –

Herz Jesu, du Sühne für unsere Sünden

Die mittelalterliche Ikonografie ist von einer wunderbaren Feinheit. Unter anderem finden wir hier auch das Bild der Erdbeere zur Mutter Gottes in Beziehung gesetzt. Was die Heilige Jungfrau mit dieser wohlschmeckenden Frucht zu tun hat? Nun, die Erdbeere blüht und bringt Früchte zur selben Zeit. Deswegen ist sie ein Bild für Maria, die in ihrer jungfräulichen Blüte Mutter des Erlösers geworden ist – als Jungfrau vor, während und nach der Geburt. Nur so konnte sie eine angemessene Pforte für den Weltheiland sein.

Das Zeichen der Erdbeere – wir könnten es wohl auch auf das Herz Jesu beziehen. Es bringt Frucht, ist ganz für uns da – nämlich als „Sühne für unsere Sünden" (1 Joh 2,2; 4,10) – und bleibt „rein", unentweiht in der Makellosigkeit seines Bezuges zum himmlischen Vater. Für all die abgrundtiefen Dunkelheiten dieser Welt, all ihrer Jahrhunderte und Geschlechter, konnte nur *ein* Herz Genugtuung leisten, dasjenige nämlich, das einfach und ohne jede Abschwächung strahlt und leuchtet in göttlicher Vollkommenheit.

Unter den Verehrern dieses sühnenden Gottesherzens gibt es einen großen und guten Gedanken: dem Herzen Jesu in der Sühne zu folgen. Auch wenn die Formulierung lauten sollte: „dem Herzen Jesu (oder dem Herzen Mariä) Sühne leisten“, so geht die „Bewegung“ der Sühne doch immer zum himmlischen Vater hin, weil Christus („Ich und der Vater sind eins“ [Joh 10,30]) und Maria im Tiefsten nichts für sich selbst, sondern alles für Gottvater wollen. Wobei natürlich unbestritten bleiben muss, dass Christus der ewige wesensgleiche Sohn Gottes ist!

Beim Wunsch des Menschen, sich der Sühneleistung Jesu gleichsam anzuschließen, ist er sich – zum Teil auch in Gedanken an die Botschaft von Fatima – der Tatsache bewusst, dass jede Sünde eine Beleidigung Gottes, ein Angriff auf seine Ehre ist. Vergebung kann es hierfür nur durch das Sühneopfer Christi geben. Als kleines Zeichen dafür, dass er diese Liebe des Herrn verstanden hat, bittet der, der ihm in der Sühne Gesellschaft leistet: „Himmlischer Vater, nimm mein Gebet, meine gute Tat, meinen Verzicht, mein Opfer an und leg' sie zu dem großen Sühneopfer deines Sohnes. Nicht, dass ich diesem Opfer letztlich etwas hinzufügen könnte. Aber sieh das, was ich schwacher Mensch dir bringe, als Ausdruck meines Wunsches an, in der Nachfolge deines Sohnes alles für meine Schwestern und Brüder zu tun, was ich nur irgend tun kann. Du schaust in Gnaden auch auf das Kleinste und Unbedeutendste. Nach deinem geheimnisvollen Ratschluss kannst du es fruchtbar machen für die anderen, besonders für jene, die dir noch am fernsten sind. Ich bitte dich, handle so nach deiner großen Huld und Treue!“

Ein recht demütiges Gebet ist das, und so muss es auch sein. Wer mit anderen zu Sühneanbetungen, Sühnerosenkranz, Sühnenacht und Sühneprozession zusammenkommt, wird niemals meinen, er könnte Christi Opfer „vervollständigen“. Er wird sich selber als bedürftigen Sünder verstehen, der sich nicht über denen sieht, für die er sich betend und opfernd einsetzt. Und er wird daran denken, dass das Herz Jesu deshalb umfassend für uns Sühne leisten konnte, weil es makellos rein ist. Deswegen wird er nach einem Abglanz dieser Reinheit streben. So kann die Herz-Jesu-Verehrung einen mächtigen sittlichen Fortschritt und Impuls bedeuten!

Herr Jesus Christus,
wenn mich Schuld bedrückt und belastet,
will ich voll Vertrauen daran denken,
dass es durch dich Vergebung für mich gibt.
Du hast das große Sühneopfer
von Golgotha dargebracht.
Immer wieder vergibst du mir
im Sakrament der heiligen Beichte,
wenn ich voll Reue zu dir umkehre.
Lass mich durch die Erfahrung
deiner Gnade und Barmherzigkeit
reichen Trost empfangen,
aber auch einen starken Antrieb,
dir in immer größerer Treue nachzufolgen.
Erbarme dich meiner,
erbarme dich deiner ganzen Menschheit,
damit sie lebe, wie es dir gefällt. Amen.

Cor Jesu, saturatum opprobriis – Herz Jesu, mit Schmach gesättigt

„Ich habe die Nase voll!" – so sagen wir gern nach frustrierenden Erlebnissen. Wir haben das Gute gewollt, uns eifrig abgemüht und intensiv eingesetzt, beflügelt von oft weitreichenden Hoffnungen; und dennoch war alles vergebens. „Ich bin es satt!" – ich bin gesättigt von dem, was in Wahrheit nicht satt macht, von Enttäuschung, die nicht aufbaut, sondern schadet. Mit *Schmach* gesättigt zu werden, wie unsere Anrufung das vom Herzen Jesu aussagt, bedeutet noch eine Steigerung des fortgesetzten „Frusterlebnisses". Wem Schmach zuteilwird, der wird in seiner Ehre gekränkt, in seiner Würde getroffen. Jesus Christus, obwohl er das Beste für die Menschheit wollte, wurde verfolgt, verkannt, gedemütigt, ans Kreuz geschlagen, ermordet – er, der Sohn Gottes. Die Sättigung mit Schmach, die ausgerechnet ihn trifft, bedeutet, menschlich gesehen und in der Sprache unserer Zeit ausgedrückt, den absoluten „Megafrust".

Ja, es ist wohl nötig, dass wir uns vor der Unverfrorenheit des Menschengeschlechtes entsetzen lernen. Manchmal scheint das, was wir Christus angetan haben, wie zugedeckt unter den beruhigend-gleichmäßigen alten Formeln des Glaubensbekenntnisses: „gekreuzigt, gestorben und begraben". Das Bekenntnis bleibt richtig und zutreffend – unsere Betroffenheit über das Ungeheure, das es hier wie anderwärts aussagt, ist sanft entschlafen. Jesus Christus, der uns zu befreien kam von den finsteren Mechanismen des „do ut des“ oder gar des „wie du mir, so ich dir“, jenen Gesetzmäßigkeiten, unter denen wir leiden, Jesus Christus, der das unermessliche Erbarmen des himmlischen Vaters in großartigem Neuansatz als *das* Vorbild für alles irdische Handeln gelehrt und gelebt hat: ihn hat die Menschheit nicht haben wollen, ihn, ausgerechnet ihn, hat sie zu entehren und zu beseitigen versucht. Der Mensch hat Gott, der ihn mit jeder Faser seines Herzens liebt, in abgründigem Hass auslöschen wollen. Jedes Element der Jesus Christus angetanen Schmach enthüllt vor solchem Hintergrund ihre besondere Boshaftigkeit.

Der Sohn Gottes aber, mit Schmach gesättigt (Klgl 3,30), er, dem wir Verbrecherlos bereiteten, dem im Herzen der Hohn einer ganzen Welt brennt (vgl. Ps 89,51), ist seinen Weg auf Erden dennoch bis zum Ende gegangen, „ohne auf die Schande zu achten“ (Hebr 12,2) und ohne der Menschheit eine vorzeitige Quittung für ihr Verhalten zu präsentieren. Und der himmlische Vater hat ihn mit Herrlichkeit gekrönt.

Ob wir mit unserem „Frust“, mit unserer Schmach so umgehen können wie Christus? Und ob dies überhaupt wünschenswert wäre? Das Leiden Jesu Christi sanktioniert menschliche Leiden in keiner Weise; es will alles Leiden überwinden. Insofern darf kein ehrlicher Versuch zur Aufhebung einer Frustsituation unterbleiben. Aber das, wovon wir leidvoll gesättigt sind, unsere Schmach, unser „Frust“, kann nicht immer einfach durch positives

Denken, durch „keep cool“, durch autogenes Training, durch Selbsterfahrungswochenenden und Familientherapie abgeschafft werden. Manches bleibt. Der Blick auf das mit Schmach gesättigte und dennoch in seiner Liebe zu uns so ungeheuer konsequente Herz Jesu lehrt uns, dass der Frust nicht lebensbestimmend werden darf. Sonst lähmt er alle positiven Energien. Manchmal gilt es, an sich auch im „Frust“ nicht irrezuwerden und mutig seinen Weg zu gehen. Letzten Endes war der Weg Christi kein vergeblicher (lat. frustra = vergeblich), sondern ein zutiefst erfolgreicher, insofern er uns die Erlösung gebracht hat. Das gilt auch für unsere Lebenspfade, wenn Christus mehr und mehr selbst unser Weg wird, indem wir im Aufblick und in der Bindung zu ihm Lebensmut in Konsequenz durchtragen.

Herr Jesus Christus,
manches, was mir widerfährt,
verletzt mich, tut mir weh.
Worte anderer treffen mich manchmal
mit einer Wucht,
die ich mir selbst kaum erklären kann.
Ich fühle mich nicht genügend wertgeschätzt,
missachtet, in meiner Ehre verletzt.
Gib mir die Kraft,
die anderen und ihre Worte
gerecht zu beurteilen.
Öfter ist es ja so,
dass ich etwas anders verstehe,

als es wirklich gemeint ist.
Zuweilen habe ich zuerst kräftig ausgeteilt,
bevor auch ich dann einstecken musste.
Wenn mir aber wirklich Unrecht geschah,
so hilf mir,
es in einem fairen Gespräch
zu meinem Mitmenschen zu sagen,
damit zwischen uns Versöhnung wachsen kann.
Bewahre mich vor jeglicher Frustration
und lass mich allzeit dankbar daran denken,
welche Schmach du für mich getragen hast.
Amen.

Cor Jesu, attritum propter scelera nostra —

Herz Jesu, wegen unserer Missetaten zerschlagen

Einer der Pfarrer, bei denen ich als Kaplan diente, erzählte interessant über die Volksmissionen früherer Zeiten. (Er selbst gebürtiger Holländer, war 1944 zum Priester geweiht worden.) Eine Methode der predigenden Missionare, eine wirkliche Herzensumkehr ihrer Hörer zu erreichen, bestand darin, das Heilsgeschehen so darzustellen, als habe es sich für jeden ganz allein abgespielt. „Christus ist deiner Sünden wegen gestorben", rief dann wohl einer der Ordensmänner, „aber du gehst weiter auf deinem schlüpfrigen Sündenweg. Jeder böse Gedanke, den du deinen Arbeitskollegen gegenüber hegst, ist dabei wie ein Geißelstreich, der den Heiland furchtbar schmerzt, jede noch so kleine Lüge wie eine der Wunden an seinen durchbohrten Händen, jede eheliche Untreue aber, als hättest du ihm seine letzte Todesqual bereitet. Nun denn, du sündige Seele, spotte weiter deinem gekreuzigten Heiland! Trample weiter auf ihm herum, tritt weiter nach ihm, wie es manche auf seinem Weg nach Golgotha getan haben! Tue es ruhig, aber die Hölle wird dein Anteil sein!" Mein Pfarrer erzählte das alles mit einem gelinden Lächeln. Ja, das war das Pathos einer alten Zeit gewesen! Doch habe ich ihn nie eigentlich über diese Dinge boshaft spotten hören. Das wäre ihm niemals in den Sinn gekommen.

Denn schließlich ist zwar in den Volksmissionen eine Sprache gesprochen worden, die heute manchen unerträglich scheint. Aber hier traf das Wort der Verkündigung mitten in die Existenz des Menschen hinein, es ging bis an das Mark der Persönlichkeit, und es hat auch etwas „ausgerichtet". Das waren keine trockenen, papierenen Darlegungen, die schon von der Terminologie her („ein Stück weit", „mit hineingenommen", „betroffen gemacht") das Gesagte fast selbst wieder aufheben und die Herkunft aus bestimmten Predigtvorlagen allzu deutlich verraten. Es waren keine Kompendia indischer Märchen oder irischer Segenswünsche, es war nicht der ewig gleiche Aufguss aus Saint-Exupérys „Kleinem Prinzen". Vielmehr wurde deutlich gemacht: Das, was Jesus tat, hat etwas mit mir zu tun und das, was ich tue, übt wieder „Rückwirkung" auf ihn aus. Und: Der *Inhalt* der Volksmissionspredigt über Kreuzestod und Sünde, der oben skizziert wurde, mag für den heutigen Geschmack etwas willkürlich und stark dramatisiert sein, aber er entspricht der lauteren Wahrheit: Das Herz Jesu wurde wegen unserer Missetaten zerschlagen (vgl. Jes 53,5), Christus hängt am Kreuz wegen *meiner* Sünden. Er hat die Sünden aller Menschen am Kreuz geschaut und sie auf sich geladen. Man braucht nicht die Wirkung einer Einzelsünde auf Christus zu konkretisieren, wie die alten Volksmissionare es taten. Aber es tut not, sich wirklich einmal wieder in die Qualen hineinzudenken, die die Sünde dieser Welt dem Herrn bereitet hat: wie es ihm am Kreuz immer schwerer wird, Luft zu bekommen, wie er sich dazu immer wieder mit den angenagelten Händen hochziehen muss und wie die Reibung des Rückens am Kreuz die Geißelwunden aufreißt, wie die Dornen der Spottkrone sich in die Stirne bohren, der Blutverlust steigt, die Sinne vor Schmerz fast schwinden, das Fieber sich erhöht ... Für mich! Für mich ist dieses Furchtbare geschehen!

Wenn wir ein Kreuz sehen, müsste es drei Regungen in uns wecken: Es müsste uns schwarz vor Augen werden angesichts der Grausamkeit des Martertodes Christi; es müsste eine entschlossene Absage an die Sünde in uns wachsen und sich verstärken, „tantus labor non sit cassus", dass so Großes nicht vergebens geschehen; und es müsste uns eine grenzenlose Liebe und Dankbarkeit zum Gekreuzigten durchströmen. In diesem letzten Sinne darf ich aber mit dem Blick auf das Kreuz auch sagen: Getröst, getröst, ich bin erlöst. Und das Marterholz wird mir zur Schutzwehr gegen alle Verzagtheit. Auf seinem Sterbebett reichte der selige Adolf Kolping seinem Bruder ein Kruzifix mit den Worten: „Wehr dich damit!" So sagt ein altes Kölner Lied zu Ehren des Heiligen Kreuzes: „Du bist das Siegeszeichen, davor der Feind erschricket, wenn er es nur anblicket!"

Herr Jesus Christus,
scheinbar war das Kreuz dein Ende.
Du jedoch hast es
in deiner heiligen Auferstehung
zum Zeichen

deines Triumphes und Sieges gemacht.
Für mich bist du gestorben,
mir gibst du, Ostersieger,
Heil und ewiges Leben.
Lass mich nie achtlos
am Zeichen meiner Erlösung,
deinem heiligen Kreuz,
vorübergehen.
Gib, dass der Aufblick zu deinem Kreuz
alle Angst und Verzagtheit
aus meinem Herzen vertreibe,
dass ich leben kann aus der Kraft des Kreuzes.
Amen.

Cor Jesu, usque ad mortem oboediens factum –

Herz Jesu, bis zum Tode gehorsam

Es war Anfang oder Mitte der 70er Jahre des 20. Jahrhunderts, da entdeckte man auf einer weitentlegenen kleinen Südseeinsel einen japanischen Soldaten, der am Ende des 2. Weltkrieges, beim Rückzug des „Reiches der aufgehenden Sonne“, den Befehl erhalten hatte, die Insel für den Tenno zu „verteidigen“. Und tatsächlich „hielt“ der Soldat das kleine Eiland, das überhaupt niemand anzugreifen gedachte, schon gar nicht, als der Krieg kurz nach der Erteilung des Befehls zu Ende gegangen war. Aber vom Friedensschluss hatte der gehorsame Kämpfer keine Kenntnis erlangt. Er harrte im Gehorsam aus, Jahre und Jahrzehnte, für einen Kaiser, der zugleich sein Gott war.

Irgendwie hat solches Verhalten schon etwas Beeindruckendes. Da hat jemand nicht nach sich selber gefragt, sondern für etwas als größer Eingeschätztes ein ganzes Menschenalter dahingegeben. Aber es entbehrt auch nicht der Tragik. Wie wird der Soldat erschüttert gewesen sein, als er hörte, dass sein „Gott“ nach dem Krieg per Radioerklärung kundgegeben hatte, er sei nur ein sterblicher Mensch! Und vielleicht hat er auch voll Trauer erkannt, was das für ein Krieg gewesen ist, den der Tenno geführt hatte – ein Aggressionskrieg mit vielen Hunderttausenden unschuldiger Opfer, der das Ansehen Japans in der Welt sicher nicht gesteigert hat!

Jesus Christus hat auch alles auf die Karte des Gehorsams gesetzt, jedoch auf den Gehorsam dem himmlischen Vater gegenüber. Er hat sich den Gehorsam das Leben kosten lassen, er „war gehorsam bis zum Tod, bis zum Tod am Kreuz" (Phil 2,8). Eine in Gethsemani in nächtlichem Ringen erkämpfte Entscheidung! Ohne Wenn und Aber ist Christus jedoch dem Willen des Vaters treu geblieben. Und der Sohn Gottes ist von allen frustrierenden Erfahrungen, wie sie der japanische Soldat kannte, bewahrt worden, weil er demjenigen seinen Gehorsam schenkte, der ihn in Wahrheit und im Tiefsten verdient. Der Gehorsam hat Jesus in die Erniedrigung, aber auch in die Erhöhung hineingeführt.

Mit Recht ist ein bestimmter Gehorsam heute ins Kreuzfeuer der Kritik geraten, und zwar wegen Exzessen, die im Namen totalitärer Systeme während des letzten Jahrhunderts verübt worden sind, wegen grauenhaften Geschehnissen, über die wir genügend unterrichtet sind und denen gegenüber das einsame Beispiel des Gehorsams, das der Soldat auf seiner Insel gab, noch vergleichsweise „harmlos" anmutet. Wir sind aufgerufen, Gehorsam zu verweigern und Widerstand zu leisten, wo Sündhaftes, Widergöttliches, Menschenfeindliches von uns verlangt wird. Hier gibt es nicht nur ein Recht, sondern sogar eine Pflicht, den Gehorsam zu brechen.

Doch macht gerade das die Übung des Gehorsams in anderer Hinsicht notwendig. Denn wie erfahren wir, ob etwas sündhaft ist? Nur indem wir Gottes Wort und Gebot treu folgen und unser Gewissen davon prägen lassen. Deshalb ist der Gehorsam der Kirche gegenüber eine sehr wichtige und notwendige Sache. Sie legt uns Gottes Willen in der Vollmacht des Heiligen Geistes aus. Ihr müssen wir folgen, auch in den Lehrentscheidungen, die nicht unmittelbar nur die Sittenlehre betreffen, sondern die Glaubenslehre. Letztere ist ja Grundlage auch für das sittliche Leben des Christen. Gehorsam schulden wir der Kirche hierbei nicht allein in den Sätzen, die von ihr mit unfehlbarer Autorität definiert worden sind. „Wer euch hört, der hört mich", hat Jesus Christus, der Sohn Gottes, gesagt, und zwar ohne Einschränkung. Christus aber, der ganz Gehorsame, tut den Vaterwillen kund.

Das Herz Jesu, bis zum Tode gehorsam, kann uns, richtig verstanden, in politischer Hinsicht eine recht progressive Gehorsamsauffassung schenken! Schon das 19. Jahrhundert kannte das Phänomen, dass die von Napoleon geknechteten Tiroler im Namen ihrer Verbundenheit zum Göttlichen Herzen gegen den ungerechten Eroberer aufstanden.

Herr Jesus Christus,
du warst gehorsam bis zum Tod am Kreuz.
Hilf mir, dir gehorsam zu sein,
auf dein Wort und deine Weisung
allezeit zu hören.
Gib mir gute Ohren,

damit mich auch das Wehklagen
meiner Brüder und Schwestern erreiche,
die in Not sind
und meiner Hilfe bedürfen.
Schenke mir im Gehorsam
dir gegenüber
aber auch einen festen Schutzschild
gegen alle Weisungen und Versuchungen,
die mich veranlassen wollen,
dir und deinem Gebot
die Treue zu brechen.
Du bist mein König,
dir will ich dienen. Amen.

Cor Jesu, lancea perforatum –

Du Herz, durchbohrt von der Lanze

Amerika kannte sein Erfurt schon vor uns. Bei seinem Amoklauf durch die Schule rief ein durchgedrehter jugendlicher Attentäter in den USA: „Na, wer glaubt hier noch an Gott?“ Da kam ein Mädchen mutig aus seinem Versteck hervor, in dem es vor den Kugeln des Mitschülers Schutz gefunden hatte. „Ich glaube an Gott!“, sagte Cathy, so war ihr Name. Dann fügte sie hinzu, indem sie den Verwirrten anblickte: „Und er liebt auch dich!“ Es war das Letzte, das sie sagte – der tödliche Schuss des Attentäters traf sie ins Gesicht.

Die Tapferkeit der jungen Cathy verdient höchsten Respekt. Wie viele Menschen hätten wohl den Mut gehabt, sich so zu verhalten wie sie! Viel ist damals über sie in Zeitungen geschrieben worden. Meist aber wurde dabei das Erstaunlichste, das Ergreifendste nicht erwähnt: wie sehr dieses Mädchen Christus ähnlich war!

Welche andere Botschaft hat der Herr den Menschen denn zugerufen als die, die Cathy ihrem Mörder wie ein Vermächtnis übergab: Es gibt einen Gott, und er liebt auch dich! Christus, der Sohn Gottes, hat diese frohe Botschaft nicht nur einem Einzelnen, sondern einer ganzen Menschheit angesagt, die sich auf dem Amoklauf befand. Da haben sie ihn gekreuzigt, und zur Sicherheit, obwohl er schon tot war, sein Herz mit der Lanze durchbohrt (vgl. Joh 19,34). Wie groß ist das Elend der Menschen, die die höchste Freudenbotschaft, die an sie ergehen kann, nicht mehr aushalten!

Gott, der Vater, aber hat das durchbohrte Herz Jesu, das Leiden Christi als Sühneopfer für die Sünder angenommen. Wie unendlich groß von ihm, so zu handeln! Hätte er es nicht getan, so wäre Gott menschlich gesprochen nur *eine* Alternative geblieben: die frevelhafte Menschheit zu vernichten.

„Es gibt einen Gott, und er liebt dich brennend!" Diese Frohbotschaft Christi haben wir weiterzugeben – wie Cathy es tat. Mancher wird für diese Botschaft dankbar sein. Wir werden erleben, wie traurige, dunkle Augen auf einmal gleichsam wie Sterne leuchten. Vielleicht wird uns hier und da ein Mensch wild umarmen, weil wir ihm in höchster Not durch diese Frohbotschaft den Rettungsanker zuwarfen. Andere werden müde nicken. Ja, sie wissen ... Aber die Botschaft erreicht ihr Herz nicht. Wieder andere starren uns ungläubig an. Manchmal wird man uns ins Angesicht lachen – manchmal uns zum Schweigen bringen wollen, am liebsten für immer. Aber die Perspektive auf das Kreuz und der Glaube an die Auferstehung, der Blick auf Christi durchbohrtes und erhöhtes Herz sagen uns, dass wir richtig liegen. „Sie werden auf den blicken, den sie durchbohrt haben" (Sach 12,10; Joh 19,37). In einem Primizgedicht heißt es: „Ich möchte Gottes Priester sein: Glocken läuten, dass die Türme wanken.“ Gott, so sollen die Glocken den Menschen zurufen, liebt euch so sehr. Das (je nach seiner Berufung) zu verkünden, ist Aufgabe jedes Christen.

Herr Jesus Christus,
du hast für uns dein Herz
durchbohren lassen.
Deine Liebe drängte dich
zur Hingabe für uns.
In deiner heiligen Auferstehung
ist für alle Zeiten bestätigt,
dass die Liebe das letzte Wort behält,
dass sie den Sieg davonträgt.
Lass mich an dieser Wahrheit nicht zweifeln,
auch wenn das Dunkel in der Welt
manchmal überhand zu nehmen droht.
Hilf mir,
auch den anderen Menschen
diese gute Botschaft zu bringen. Amen.

Cor Jesu, fons totius consolationis –

Herz Jesu, du Quelle allen Trostes

Eine Schokoladenfirma hat die „ultimative“ Süßigkeit erfunden: eine weiße Schokolade, die gleichsam gefüllt ist mit bunten, süßen Bonbons! Süßer geht es wahrhaftig nicht mehr! Mancher wird freilich abwehrend mit dem Kopf schütteln und für sich auf das Süße in Potenz gerne verzichten. Für viele Menschen aber geht vom süßen Geschmack ein echter Seelentrost aus, für viele – allzu viele – ist Schokolade Nervennahrung. Es ist bemerkenswert, dass das Hauptwort „Trost“ in älteren Texten selbst da mit der Eigenschaft „süß“ versehen wird, wo der Trost nicht in Confiserien oder Backwerk, sondern eher in geistigen Gehalten liegt.

Worin findet dieser Sachverhalt seine Begründung? Einmal sicher in der Physiologie: Unterzuckerung macht uns zittrig, fahrig, nervös. Verhelfen wir dann unserem Zuckerspiegel zum Anstieg, kehrt wieder Wohlbefinden und Ruhe in uns ein. Diese grundlegende Erfahrung haben wir Menschen in unserem Gedächtnis archiviert und lassen uns, sofern nicht andere Erfahrungen oder besonders prägende „Negativ"-Erkenntnisse über den Zucker sich dem entgegenstellen, das Süße als etwas Wohltuendes empfinden. Ob aber der Grund, warum Trost als „süß" empfunden wird, nicht noch etwas tiefer liegen mag? Der Gedanke ist wohl nicht neu, hier den ersten Trost des Babys zu erwähnen, das, dem bergenden Umschlossensein des Mutterleibs durch die Geburt entrissen, an der Brust der Mutter wärmendes Geborgensein tröstend erfährt – und dabei auch die erste Nahrung auf dieser Welt empfängt, die von ihrer Zusammensetzung her von besonderer Süßigkeit ist. Wenn die Welt heute nach Steigerungsformen der Süßigkeit lechzt, zeigt das im Grunde nur, wie sehr sie des Trostes entbehrt, der in der Geborgenheit liegt.

Die Herz-Jesu-Litanei preist das Herz Jesu als Quelle allen Trostes. Es wird uns deutlich, dass es noch etwas „Bergenderes" gibt als die Geborgenheit, die wir bei lieben Menschen, bei Freunden und Familienangehörigen erfahren – die Geborgenheit bei Gott, der auch die „Bergenden" mit einschließt.

In entsetzlichem Wahnsinn, in unreifem, „halbstarkem" Selbstständigkeitswahn haben die Menschen sich von dieser tiefsten aller Geborgenheiten trennen wollen und durch die Sünde die Gemeinschaft mit Gott verspielt. Erst im Opfer des Gottessohnes wurde die furchtbare Trennmauer zwischen uns und unserem Schöpfer niedergerissen. In Jesus Christus ist Gottesgemeinschaft, Geborgenheit in Gott, wieder erfahrbar geworden, schon hier auf dieser Welt in einem durch die Sakramente, diese großartigen Erweise der Gottesnähe, begleiteten und heilshaft geführten Leben, und dann in voller Tiefendimension in der ewigen Seligkeit beim Vater, an dessen Thron sein Sohn Jesus Christus bereits jetzt für uns eintritt (vgl. Hebr 7,25). Das geöffnete Herz Jesu ist in gewisser Weise die Tür in die wiederhergestellte Gottesgeborgenheit für Zeit und Ewigkeit. In Wahrheit ist es der Quell allen Trostes.

Unsere Anrufung hätte schon dann für uns einen Wert, wenn sie uns „nur" das zurufen würde mit der mitschwingenden, unausgesprochenen Hinzufügung: „Vertraut auf dieses göttliche Herz und freut euch an ihm! Bittet den König des trostvollen Herzens voll Vertrauen um sein Erbarmen!" Man muss nicht jeden Bestandteil altehrwürdigen Gebetes pädagogisch ausdeuten. Doch die Beziehung des Herzens Jesu als „Quelle allen Trostes" kann für unsere Zeit eine geradezu heilende Wirkung haben, auf die wir stoßen, wenn wir nur einen kleinen Schritt noch weiterdenken, und die unseren Mitmenschen zu verschweigen ein Unrecht wäre. Wenn das Herz Jesu „Quelle allen Trostes" für *uns* wird, dann fehlt uns nichts, wenn wir uns in ihm verankern. Darum brauchen wir nicht tröstliche Geborgenheit zu suchen – und zu verfehlen! – in Genussmitteln und Giften, in ungehemmter Befriedigung unseres Sexualtriebs, im Eintreten für Ideologien, die uns in Wahrheit versklaven, in der totalen Auslieferung an Menschen. Dann spüren wir eine Geborgenheit in Gott, die uns aufrechten Rückgrats und starken Mutes durch unser Leben gehen lässt.

Herr Jesus Christus,
wer sich in dir verankert,
findet vollkommene Stärkung.
Du bist die Quelle allen Trostes.
Das wird mir immer wieder bewusst
gerade dann, wenn ich dich
in der heiligen Kommunion empfange.
Du verbindest dich mit mir
in der heiligen Eucharistie so eng und fest,
wie es intensiver nicht sein kann.
Muss ich noch Angst haben,
wenn du, liebevoller Herr und Gefährte,
bei mir bist?
Mit dir kann ich tapfer und froh
meinen Weg zum himmlischen Vater gehen.
Ich danke deinem göttlichen Herzen
aus der Fülle meines Herzens. Amen.

Cor Jesu, vita et resurrectio nostra –

Herz Jesu, unsere Auferstehung und unser Leben

In den 60er und 70er Jahren des 20. Jahrhunderts waren „Freiheit“ und „Emanzipation“ die großen Zauberworte. Alte Zwänge, Autoritäten, Strukturen sollten zerbrochen werden, damit der Mensch sich selbst verwirklichen könne.

Heute hat sich die Welt noch weiter ausdifferenziert als damals, weshalb es schwieriger erscheint, das Streben der Menschen in Schlagworte zu fassen als noch vor 30 Jahren. Auch ist nicht mehr nur die westliche Intelligenz führend bei einer geistigen „Richtungsangabe“ der Welt. Aber eine grundlegende, fast allumfassende Tendenz zeigt sich in unseren Tagen nackter und ungeschützter als jemals zuvor und manifestiert sich in allen Bereichen und Zusammenhängen der Menschheit: ein gigantischer Lebenshunger. Der Mensch dürstet, kaum noch durch irgendetwas gezügelt, nach allem, was sein Leben länger, komfortabler und raffinierter macht, was es mit einem Vollmaß an Befriedigung erfüllt.

Aber lebt die Menschheit wirklich? Sein Lebenshunger bringt den Menschen heute dazu, die Welt wie eine reife Zitrone auspressen zu wollen, bis zum letzten Safttröpfchen. Dabei nimmt er selbst ein Absinken in Gemeinheit und Perversion oft in Kauf. Und dennoch wird ihm häufig nichts anderes zuteil als Frustration und tödliche Resignation. Sie sind die Früchte der permanenten Überforderung des Diesseits, das letztlich zu klein und eingeschränkt für das Streben des menschlichen Herzens ist. Die Welt hätte wahrhaft eine Auferstehung zum Leben nötig.

Die Liebe des Herzens Jesu hat uns Auferstehung und ewiges Leben nach dem Tod erstritten. Aber dieses ewige Leben beginnt nach der Lehre Jesu schon jetzt. Wer seinen Weg hier auf Erden empfänglichen Herzens geht, dem wird schon ein Vorgeschmack ewiger Lebensfülle erspürbar. Dabei ist – und hier liegt das Paradox – der Weg des Herzens Jesu zunächst einmal eine Straße des Opfers und des Verzichtes. Aber spätestens seit der Ausbreitung von Aids wissen wir doch auch: Irdisches Sichausleben bringt Tod. Irdisches „Sichabtöten“ (wie der altertümliche, aber bildkräftige und hier angebrachte Name für Verzichten aus dem Glauben heraus ist) bringt hingegen Leben, schon hier für andere (wenn wir zum Beispiel an die Folgen passiven Rauchens denken!) und für uns, erst recht aber in Bezug auf unser ewiges Schicksal.

Jeder hat es wohl auch schon erfahren, dass ein Opfer, das gebracht wird, um einem anderen eine Freude zu bereiten, den Verzichtenden selbst geradezu mit Glück erfüllt, und wie Einschränkungen, die man sich auferlegt, um sich selber etwas Schönes zu ermöglichen, einen eigenen Trost und eine eigene Süßigkeit in sich tragen. Wenn wir dagegen beinahe mühelos uns etwas gegönnt haben, sind wir zwar zufrieden, aber häufig nur für eine kleine Weile. Hat uns dagegen etwas, das wir zum Wohl anderer oder zu unserem eigenen Wohl vollbringen, wirklich etwas gekostet, so ist unsere Zufriedenheit reiner und hält länger vor. Das ist die irdische Bedeutung jenes Jesuswortes, das nicht in den Evangelien steht: „Geben ist seliger als nehmen“ (Apg 20,35).

Wir bewundern das Beispiel jener italienischen Ärztin Beretta Molla, die sich 1962, angesichts einer schwierigen Geburt vor die Alternative gestellt, entweder ihrem Kind das Leben zu schenken oder selber weiterleben zu können, für das Erstere entschied. Dank vieler kleinerer, weit weniger existenzieller Entscheidungen haben *wir* die Möglichkeit, zum Leben der Welt beizutragen. Möchte unser Einsatz auf dem Weg des Herzens Jesu der Menschheit hier und heute bereits bei der „Auferstehung“ aus der Unkultur des Todes in die Zivilisation des Lebens helfen!

Herr Jesus Christus,
ich liebe das Leben,
ich will leben.
Die Jahre,
die mir auf dieser Erde beschieden sind,
können meinen Lebenshunger nicht stillen.
Du hast mir ein Leben
voller Schönheit und Seligkeit versprochen,

ohne alle Begrenzung,
ein Leben,
in dem Not,
Trauer und Tränen
keinen Raum mehr haben werden.
Ja, schenke mir dieses unbegrenzte Leben!
Hilf mir,
die Perspektive auf das Leben
in Fülle nie zu verlieren,
hilf mir, deiner Verheißung zu trauen.
Lass mich deine Sakramente
als Vorgeschmack
des ewigen Lebens verstehen
und voll Liebe empfangen.
Gib mir die Gnade,
deiner Weisung treu zu folgen.
Du bist der Weg zum ewigen Leben,
du bist dieses Leben selbst. Amen.

Cor Jesu, pax et reconciliatio nostra –

Herz Jesu, unser Friede und unsere Versöhnung

„99 Kriegsminister – Streichholz und Benzinkanister", hieß es in einem Schlager der 80er Jahre des 20. Jahrhunderts, der eigentlich ganz anders, harmlos begonnen hatte. Zuerst war von 99 Luftballons auf dem Weg zum Horizont die Rede gewesen. Aber damals kam alles und jedes, was tiefsinnig sein wollte, irgendwie auf die Friedensproblematik zu sprechen. Die 70er und 80er Jahre waren die große Zeit der sogenannten Friedensbewegung. Man protestierte gegen den „NATO-Doppelbeschluss" und gegen die Neutronenbombe, was freilich nicht hinderte, öfter die Einmischung Sowjetrusslands in Angola und die russische Aggression in Afghanistan geflissentlich zu übersehen. Manches an der „Friedensbewegung" war linksideologisch gesteuert, der Idealismus vor allem junger Leute wurde missbraucht. Was im Tiefsten gewollt wurde, welche Gestalt der ersehnte Friede haben sollte, blieb übrigens den meisten unklar, er schillerte irgendwo zwischen einer Finnlandisierung, de facto einer pax sovietica für die ganze Welt, und einem sentimentalen kleinen Glück für alle. Ein anderer Hit der Zeit verlangte: „Ein bisschen Frieden“!

Die Friedensbewegung hat nichts gebracht. Der Ost-West-Konflikt löste sich einige Jahre später, aber nicht durch Nachgeben, sondern durch Stärke und Entschlossenheit des Westens gegenüber dem menschenfeindlichen Kommunismus. Dennoch kann man nicht sagen, dass eine umfassende Friedensordnung der Welt geschaffen worden sei. Und es gibt Unfrieden nicht nur auf der Ebene der Staaten und Völker, sondern auch zwischen gesellschaftlichen Schichten und Interessenverbänden, sogar in den Familien.

Wie ist dauerhafter Friede zu schaffen? Das durchbohrte, geöffnete Herz Jesu wird in unserer Litanei als „unser Friede und unsere Versöhnung“ (vgl. Kol 1,20) gefeiert. Gott hat der Welt seine Ordnung gegeben, und sofern der Mensch diese Ordnung Gottes (beschrieben und autoritativ postuliert in den Zehn Geboten) hält, ist Friede. Der heilige Thomas von Aquin kann ihn deshalb als „tranquillitas ordinis“, die Ruhe der Ordnung beschreiben. Durch die Sünde der Stammeltern hat der Mensch aber die Ordnung Gottes zu stören begonnen. Er ist ungerecht Gott gegenüber geworden, dem er alles verdankt, und damit begann Ungerechtigkeit auch das Verhältnis des Menschen zu den Mitmenschen zu kennzeichnen. Christus jedoch hat in seiner großen Rettungstat, in seinem Sühneopfer, den Frieden, der das „Werk der Gerechtigkeit“ ist (Jes 32,17 – Wahlspruch Papst Pius’ XII.), wieder möglich gemacht. Er hat Gott mit den Menschen versöhnt und so auch der Versöhnung der Menschheit untereinander neuen Impuls und neuen Sinn gegeben.

Wenn das Herz Jesu in unserer Anrufung bezeichnet wird als Friede und Versöhnung, so sind das nicht zwei nebeneinanderstehende Begriffe, sondern der Friede hat seinen Wurzelgrund in der Versöhnung, die Christus uns brachte.

Christus legte in seinem Kreuzesopfer also die Grundlage zur neuen Friedensordnung der Welt, indem er für Versöhnung und Frieden mit dem himmlischen Vater sorgte. Hierauf müsste jedes Friedensbemühen aufbauen. Es gilt, sich mit Gottes Intentionen immer mehr in Einklang zu bringen, dann entsteht auch mehr und mehr Einklang unter den Menschen in allen Bereichen ihres Lebens, auf allen Ebenen. Es wird das Friedensparadies auf Erden nicht zu schaffen sein, von dem die Friedensbewegung einst träumte. Aber es ist *realistisch* gesehen eine ganze Menge Frieden mehr möglich, als wir zur Stunde haben.

Herr Jesus Christus,
die Welt, die in Machtblöcke,
Interessensbereiche und Klassen zerfällt,
unser kleiner Planet,
der in Egoismen,
Vorurteilen und Hass
sich oft zu zerreißen scheint,
die Menschheit,
die unter Krieg und Unterdrückung leidet –
wie wichtig wäre ihr
eine dauerhafte Versöhnung!
Sie kann nur von dir her kommen,

der du die Welt
wieder mit dem Vater im Himmel versöhnt hast.
Lass echte Versöhnung
in meinem eigenen Herzen einsetzen,
hilf mir,
im Einklang mit mir selbst,
vor allem aber im Einklang
mit dem Vater zu leben.
Gib mir Liebe zum Sakrament der Versöhnung,
der heiligen Beichte.
Wenn ich ein „versöhnter" Mensch bin,
kann ich Versöhnung schenken
und dazu beitragen,
dass die Welt ein friedlicheres Gesicht gewinnt.
Amen.

Cor Jesu,
victima peccatorum –

Herz Jesu,
du Opferlamm für die Sünder

Die große Wallfahrtsbasilika in Lisieux in der französischen Normandie ist ein imposantes Bauwerk. Manche haben sich berechtigt gefühlt, sie von ihrer äußeren Gestalt her als pompös und von ihrer Innenausstattung als kitschig zu bezeichnen. Zu Unrecht, wie ich meine. Denn die große Zahl der Pilger zur „kleinen" heiligen Theresia erfordert zu manchen Feierlichkeiten den Riesendom. Und die Groß*artig*keit des spirituellen Ansatzes der Heiligen verdient es, dass man die Menschen durch ein unübersehbares Monument darauf aufmerksam macht. Was aber das Innenleben der Basilika angeht, so ist es gerade die Anschaulichkeit der bunten Mosaiken, die eine wichtige katechetische Funktion ausübt.

Wenn man in die große Theresienkirche eintritt, wird der Blick bald auf das große Apsismosaik gelenkt. An der Stelle, wo man vielleicht eher eine Darstellung des Pantokrators, Christi als des Allherrschers erwartet hätte, findet sich ein ausdrucksstarkes Herz-Jesu-Bild. Christus, angetan mit dem roten Königsmantel, eingerahmt von der Heiligen Jungfrau Maria und von der heiligen Theresia, ruft aus: „Kommt alle zu mir, die ihr euch plagt und schwere Lasten zu tragen habt!“ Goldene Strahlen auf der Brust des Heilandes deuten seine übergroße Liebe an. Dieses Bild des Herrn ist der ikonografische Mittelpunkt der Kirche; alles läuft auf das Herz Jesu zu. Die Botschaft aber, die dahinter steht, spricht uns von dem *lebendigen* Mittelpunkt des großen *geistigen* Hauses der Kirche: Das liebende Herz Jesu ist das Zentrum von allem. Ewig schade ist, dass nicht (mehr) im Hochaltar, unmittelbar unter dem Apsismosaik, das Allerheiligste aufbewahrt wird. Welch grandiosen Hinweis würde das Mosaikbild auf den „Herzschlag“ der Heilandsliebe gerade im eucharistischen Sakrament geben!

Schauen wir noch einmal auf das Herz-Jesu-Mosaik! Hier ist auch dargestellt, dass Jesu Einladung nicht vergebens ergeht. Einige Schafe sind zum Herrn hin unterwegs, dessen Stimme sie kennen. In ihnen sehen wir uns dargestellt. Wir müssen, wenn unser Christentum wieder Leuchtkraft gewinnen soll, den Weg zur Mitte, zur Liebe Christi einschlagen. Und wir dürfen das auch herzhaft und ohne jedes Zagen tun. Die „Lämmer“ können wohl Zutrauen haben zu dem, der selbst Lamm, Opferlamm geworden, aber gerade dadurch in ein neues Leben eingetaucht ist. Christus hat sich für uns dahingegeben, damit nichts mehr zwischen uns und dem himmlischen Vater steht, aus reiner göttlicher Liebe. Sein Erlösungshandeln „aktualisiert“ er immer neu in den Sakramenten der Kirche. Die heilige Theresia hat für sich selbst die Berufung verspürt, „die Liebe im Herzen der Kirche“ zu sein. Diese Liebe ist zunächst einmal der Gott mit dem durchbohrten Herzen, Jesus Christus selber. Aber auch wir können an dieser Sendung Christi teilhaben. Auch wir können, wie Theresia es so wunderbar verwirklichte, zur Liebe im Herzen der Kirche werden – die Lämmer, die zum Opferlamm kommen und sich von ihm behüten, stärken und entflammen lassen.

Wenn Liebesfeuer aus dem Herzen der Kirche an vielen Orten aufstrahlen, kann Großes geschehen für das Reich Gottes in dieser Welt. Es ist natürlich kein Zufall, dass gegenüber der Apsis mit dem Herz-Jesu-Bild, über dem Ausgang der Basilika von Lisieux, die verschiedenen besonderen Ehrungen der heiligen Theresia verzeichnet sind, die ihr die Kirche zuteilwerden ließ. Eine ist die zur Erhebung zur „Patronin der katholischen Missionen".

Herr Jesus Christus,
du bist der gute Hirt,
der uns auf rechte Weide führt.
Du sorgst dich um jeden von uns,
so wie der Hirt
um jedes der Tiere seiner Herde besorgt ist.
Du schreitest uns voran,
du befreist uns immer wieder
aus den schmerzhaften Dornenzweigen,
in die wir uns verfangen,
wenn wir an dir vorbei unser Glück suchen,
du heilst und verbindest unsere Wunden,
du tränkst uns mit belebendem Wasser.
Ich liebe dich um all dieses Guten willen,
das du für mich tust.

Du bist nicht allein mein Hirte,
du bist sogar zum Opferlamm geworden,
das gestorben ist,
damit sich für uns,
seine Schwestern und Brüder,
die Weide des ewigen Lebens erschließt.
Ich kann dich nicht nur
wegen der Gnaden und Wohltaten lieben,
ich liebe dich einfach um deiner Liebe willen,
die die Mitte deines Herzens ist.
Ich liebe dich um deiner selbst willen.
Hilf mir so zu leben und zu wirken,
dass du überall geliebt wirst. Amen.

Cor Jesu, salus in te sperantium –

Herz Jesu, du Rettung aller, die auf dich hoffen

Gerhard Fittkau hat in seinem Buch „Mein dreiunddreißigstes Jahr“ davon erzählt, wie er als Pfarrer des ermländischen Ortes Süßenberg in russische Gefangenschaft geriet. Ein sowjetischer Posten zwang ihn mit vorgehaltener Waffe, all seine Habe auf einen Haufen zu werfen, selbst das, was er auf dem bloßen Leib trug. In einer kleinen Blechbüchse aber hatte der Priester den eucharistischen Jesus bei sich. Es blieb ihm nicht viel Zeit zum Überlegen. Der russische Soldat drängte; mit fliegender Hast flog Stück um Stück der Habseligkeiten des Gefangenen auf die Erde, schließlich in der Angst und in der Kopflosigkeit des Augenblicks auch die Hostienbüchse. Im selben Moment jedoch wurde Fittkau bewusst, was er getan hatte. Er bückte sich blitzschnell, hob die Dose auf und verzehrte das Sakrament – und er tat das in der sicheren Erwartung, auf der Stelle durch den Posten erschossen zu werden. Aber nichts geschah. Der Russe schaute verwundert, fluchte wohl – aber schoss nicht.

Christus hat seinen Diener gerettet, so könnte man diese Episode überschreiben. Fittkau hat in dem Moment, in dem er die Hostiendose aufhob, nicht mehr auf ein Weiterleben in *dieser* Welt gehofft. Wohl aber hoffte er, dass sein Tun nicht vergeblich sei, dass Christus der Herr der Welt sei, für den zu sterben nicht sinnlos sein kann. Christus aber hat ihm nicht allein die Hoffnung, dass er da sei und sich als mächtig erweise, kraftvoll erfüllt, sondern ihm in solcher Machttat sogar dieses zeitliche Leben gerettet.

„Herz Jesu, du Rettung aller, die auf dich hoffen“ – nicht immer vollzieht sich die Rettung, die vom Herrn ausgeht, so dramatisch wie im Falle des ermländischen Priesters. Die Herzschläge der rettenden Heilandsliebe erfahren wir normalerweise in unserem täglichen Leben mit und in der Kirche, und so verweisen auch die Verheißungen des Heilands an die heilige Margareta Maria an wichtiger Stelle auf diese Dimensionen zurück, wenn es etwa um die heilige Kommunion an den Herz-Jesu-Freitagen geht. Wenn die Kirche sein Wort verkündet, wenn sie die Sakramente feiert, die er eingesetzt hat, wenn sie in seinem Auftrag segnet, dann spricht und handelt eigentlich Christus selbst, da schenkt und vermittelt er uns die Gnaden und Hilfen, die wir nötig haben, um als Christen aufrecht durch unser irdisches Leben zu gehen, sein Reich aufbauen und ausbreiten zu können, die Fülle der Seligkeit im ewigen Leben des Himmels zu erlangen und so endgültig gerettet zu werden. So ist die Kirche der fortlebende Christus. Wie aber Christus nur unsere Rettung will, so auch die Kirche.

Guardini hat 1913 das Wort geprägt: „Die Kirche erwacht in den Seelen“ und damit den wichtigen Gesichtspunkt betont, dessen die Christen sich zu jener Zeit neu bewusst wurden: dass sie lebendige Glieder am lebendigen Christusleib, dass sie für den Herrn in Dienst und Pflicht genommen sind. Das II. Vatikanische Konzil hat vom gemeinsamen Priestertum der Gläubigen aufgrund von Taufe und Firmung gesprochen (ohne freilich das sakramentale Priestertum der Geweihten zu relativieren). „Wir sind Kirche!“ ‚verkündet heute eine Vereinigung der Katholischen Kirche schon in ihrer Selbstbezeichnung. Den Gemeinschaftscharakter der Kirche, die Verantwortung aller für das Fortkommen der Kirche des Gottesreiches – all das ist festes Element kirchlicher Lehre. Damit wird aber das oben über die Kirche als gnadenvermittelnde Institution Gesagte nicht unwahr oder unwichtig. Wenn der Gemeinschaftsaspekt der Kirche isolierte Gültigkeit beanspruchen würde, wenn man allein dabei stehen bliebe, wäre man letztlich bei einer „Selbstfeier“, einer „Selbstverherrlichung“ des Menschen angelangt.

Wenn die Kirche als fortlebender Christus rettende Gnadeninstitution ist – und das ist gesicherter Glaube! –, wenn ihr das Herz Jesu „salus in te sperantium“ schlägt, ist der gut beraten, der dankbar und treu seinen Weg mit der Kirche geht. Dass es durch die Gnade Gottes auch außerhalb ihrer Rettung geben *kann*, wollen wir nicht bestreiten. Wenn wir aber um die „via ordinaria“, den *gewöhnlichen* Weg der Rettung wissen, warum gehen wir ihn dann nicht voll Freude? Junge Eltern (die von daher einen leichten Zugang zum hier Bedachten haben müssen!) sagen oft: „Für mein Kind nur das Beste!“ Auch uns sollte – für uns selbst und für andere – das Beste gerade gut genug sein.

Herr Jesus Christus,
wer auf dich hofft,
wird nicht zuschanden.
Du rettest mich vor Not und Gefahren,
du lässt mich nicht untergehen
in den Schiffbrüchen meines Lebens.
Vor allem aus Sünde und Tod
befreist du mich.
Ich habe vor dir keine Rechte,
auf die ich pochen könnte.
Was du für mich tust,
das wirkst du aus reiner Gnade.
Aber meine Hoffnung ist unbezwingbar,
dass du mir deine Heil schaffende Liebe
nie versagst.
Du bist ja die Liebe selbst. Amen.

Cor Jesu, spes in te morientium –

Herz Jesu, du Hoffnung aller, die in dir sterben

„Der muss daran glauben!“ – so sagen wir manchmal, wenn jemand tragisch stirbt, oder auch, wenn ein Mitmensch im Geschäftsleben oder in moralischer Hinsicht von anderen vernichtet wird, wenn er untergeht. „Der muss daran glauben!“ – Chiffre für den Exitus in realer und in übertragener Hinsicht. Ein verräterisches Wort. Dem, dem alle Sicherheiten aus der Hand geschlagen sind, bleibt nur noch der Glaube. Vorher, ja, da war er stark und mächtig. Aber jetzt ist das, was er früher vielleicht geringgeschätzt oder missachtet hat, was in den Augen der Welt als eine Sache für Schwache, für Lebensuntüchtige gilt, das Einzige, das ihm übrig ist. Nehmen wir die Wendung wörtlich: Wie oft mag sie eine Überforderung sein, wie oft mag der Mensch gerade im Moment seines leiblichen Todes gar keinen echten Glauben aufzubringen mehr in der Lage sein, wenn er sein Leben lang der Welt des Glaubens entwöhnt gewesen ist. Wie oft wird da nur ein Fünkchen Hoffnung sein!

Eine der lange Zeit am meisten unterschätzten großen Glaubensgestalten war die heilige Theresia von Lisieux, gestorben als junge Ordensfrau 1897 im Alter von 24

Jahren. Sie ist in einer behüteten Glaubenswelt aufgewachsen, war in Familie und Kloster gleichsam eingetaucht in überzeugtes, entschiedenes Christentum und hat in ihrem Ordenseintritt selbst alles auf die Karte des Glaubens gesetzt. Ihre auf uns gekommenen Schriften, Briefe und Unterhaltungen sind so kostbare Glaubenszeugnisse, dass Theresia 1997 durch Papst Johannes Paul II. zur Kirchenlehrerin erhoben worden ist. Und dennoch hat diese Frau, eine Heilige wohlgemerkt, nach einem Blutsturz, der ihr 1896 ihr baldiges Ende ankündigte, mit den heftigsten Glaubensschwierigkeiten, schwärzesten Versuchungen zum Unglauben zu kämpfen gehabt. Alle nur möglichen Zweifel zerfraßen ihr Herz, und an ihrem letzten Lebenstag hat sie, mit ihren eigenen Worten, „die reine Agonie ohne jeden Trost“ erlebt. Aber gestorben ist die heilige Theresia mit dem Wort: „Mon Dieu, je vous aime! – Mein Gott, ich liebe dich!“

In Theresia von Lisieux findet der moderne Mensch, der „daran glauben muss“, der Glaubensnöte hat, seine Verbündete. Er findet in ihr aber noch mehr. Kurz nach ihrem Tod setzte ein Phänomen ein, das man als „Rosenregen“ bezeichnet hat, eine unglaubliche Sequenz von Wundern, die fast „greifbar“ auf die himmlische Fürsprache der jungen Karmelitin zurückgeführt werden können. In glaubenssicheren Momenten hatte die Heilige diesen „Regen“ einst bewirken wollen, nun setzte er tatsächlich ein: Ein kleines Mädchen war nach dem Gebet am Grab der Ordensschwester im Jahre 1908 von schwerster Augenkrankheit genesen, ein Junge, der schon im Todeskampf gelegen hatte, wurde bereits vor der Kleinen durch die Auflegung einer Theresienreliquie geheilt, und einem Mann, der an der Zunge oder im Hals eine bösartige Geschwulst gehabt hatte, konnte, nachdem er von Rosenblättern gegessen hatte, mit denen Theresia einst ein Kruzifix geschmückt hatte, attestiert werden, dass er von seinem Gebrechen vollständig wiederhergestellt sei. Auch Edith Piaf, die große französische Chansonnière, wurde als Kind in Lisieux von einer Augenkrankheit geheilt. Und viele andere wunderbare Dinge wären noch zu nennen. Es ist so, als wollte Gott durch Wunder zeigen: Die Hoffnung, die diese am Ende ihres Lebens im Glauben so sehr angefochtene Schwester auf meine Liebe, verkörpert im Herzen Jesu, gesetzt hat, ist nicht zuschanden geworden. Das heißt: Solche Hoffnung ist *sinnvoll* für alle, die im Herzen Jesu sterben. Denn unsere Anrufung ist ja vor allem Verheißung und Einladung, nicht Zustandsbeschreibung.

Was bedeutet es, im Herzen Jesu zu sterben? Wenn der Glaube schwach ist und angefochten wird, wenn Hoffnung allein übrig bleibt, dann gilt es, sich mit einer Gemütsbewegung, einem Akt der Liebe, in Christi Arme zu werfen: „Mein Gott, ich liebe dich!" Dann dürfen wir erleben, was Job einst in prophetischer Voraussicht aussprach: „Mein Erlöser lebt, als Letzter erhebt er sich über dem Staub" (Ijob 19,25).

Herr Jesus Christus,
der Gedanke an den Tod
ist nicht angenehm.
Viele sagen,
dass er das endgültige Aus ist,

das Ende aller Beziehung
und allen Bewusstseins.
Ich will nicht der ewigen Nacht anheimfallen –
und würde es doch,
wenn du nicht in Kreuz und Auferstehung
den Tod überwunden hättest.
Menschlicher Protest gegen den Tod
ist wirkungslos,
dein göttlicher Protest gegen ihn
ist wirkmächtig, allmächtig, triumphierend.
Ich berge mich in der Liebe deines Herzens
und vertraue fest,
dass du mich nicht fallen lässt. Amen.

Cor Jesu, deliciae Sanctorum omnium –

Herz Jesu, du Freude aller Heiligen

Der „Münchner im Himmel", der als Engel auf einer Wolke sitzend dazu verpflichtet wird, stets und ständig Alleluja zu singen, erlebt die „Seligkeit" als so langweilig, dass er froh ist, schließlich wieder zur Erde zurückkehren zu dürfen. Dort hockt er alsbald wieder hinter seiner Maß Bier im Hofbräuhaus und fühlt sich pudelwohl.

Man sollte mit Schwänken keine Theologie treiben. Aber man kann aus unserer Geschichte selbst heraus beantworten, warum der „Engel" Alois kein Gefallen am Himmel finden kann. Denn er begegnet dort zwar dem heiligen Petrus und einem anderen etwas seltsamen Engel, aber er trifft nicht auf Gott selber. Ein Himmel ohne Gott ist eben kein Himmel! Der Inhalt des Lebens in der anderen Welt ist demgegenüber von den Theologen, gestützt auf Gottes Offenbarung, als die „visio beatifica", die selige Anschauung des Höchsten beschrieben worden. Unser Glauben geht dort in Schauen über, wir dürfen Gott in seiner unendlichen Liebe, Macht und Schönheit begegnen. Dort ist das Herz Jesu – in Einheit mit den anderen göttlichen Personen – in vollem Sinne die „Freude aller Heiligen". Und Langeweile wird es dort nicht geben; ganz abgesehen davon, dass sie ja als Voraussetzung die Kategorie der Zeit hat, die in der jenseitigen Welt aufgehoben ist.

In unserer Anrufung steht für Freude das Wort „delicia" (im Plural), und hier dürfen wir auch an Delikatesse, Köstlichkeit denken, an das, wonach wir uns die Lippen lecken. Und wir erinnern uns daran, dass manche Heilige schon auf Erden unablässig den Namen Jesu wiederholten, dass er ihnen zum „süßen Namen" wurde, den sie verkosteten. Schon auf Erden erlebten diese großen Glaubensgestalten auf die beschriebene Art und Weise einen Vorgeschmack der Köstlichkeit des ewigen Lebens mit dem Heiland. Wie ein Kommentar ist das zu Jesu Botschaft, dass sein Reich schon hier und jetzt beginnt.

Irdisch gesehen, wird uns sicher auch das liebste Leibgericht irgendwann zuwider sein. Mit dem, was Christus uns bedeuten möchte, verhält es sich anders. „Delicia", im Sinne dessen, wonach wir uns gerade die Lippen lecken, das will Gott, das will das Herz Jesu im ewigen Leben in Vollgestalt für uns sein. Es will unsere Erfüllung sein. Da es in Gott wohl Unwandelbarkeit gibt, aber keine Eintönigkeit – man beachte nur seine Schöpfung! – nehmen diese „delicia" wohl je faszinierend neue Züge an, die auf die Sehnsüchte unserer Seele wahrhaft antworten. Nie werden wir des Herzens Jesu überdrüssig werden.

Wir sollten, gerade wenn es uns um „Maximalerfüllung" geht, an der größten Erfüllung, die für uns bereitsteht, nicht vorbeigehen. Sie kann schon jetzt keimhaft einsetzen, indem ich vielleicht einmal über das neu nachdenke, was Christus für mich alles getan hat. Wir feiern ja in unserer Anrufung nicht nur einen Sieg derjenigen, die schon bei Gott sind, sondern eben auch eine wunderbare *Verheißung*, die auf uns wartet, die wir durch die Taufe schon auf den Weg der Heiligkeit gestellt sind.

Wird uns in Gottes Ewigkeit, wo das Herz Jesu unsere endgültige Freude sein will, eigentlich außer dieser Freude noch etwas interessieren? Wird angesichts solcher Erfüllung überhaupt noch Raum für anderes sein? Manche fragen so ein wenig angstvoll, weil sie doch auch mit ihren Lieben, die in der anderen Welt sind, irgendwie in Verbindung bleiben möchten – diesseits wie jenseits des Todes. Nun, die heilige Theresia von Lisieux hat zu ihren Lebzeiten einen „Rosenregen" von Gnaden für die Menschheit versprochen, wenn sie erst einmal Fürsprecherin an Gottes Thron sei. Sie hat sogar davon gesprochen, dass sie ihren Himmel damit verbringen werde, auf Erden Gutes zu tun. Wir werden unseren Lieben nahebleiben, wenn wir einmal im Himmel sind. Nicht, weil uns sonst etwas „fehlte", weil uns etwas bei aller Freude am Herrn unerfüllt ließe, sondern weil das Vertiefen in Gottes Geheimnis uns auch in seine Art hineinversenkt, den anderen beständig nahe zu sein. Wir werden in der Seligkeit kein „Rentnerdasein" führen – in keiner Beziehung!

Herr Jesus Christus,
einst hoffe ich ewig bei dir zu sein.
Dann bist du meine Freude,
mein Alles.
Deine Liebe,
die die Deinen umschließt,
wird mich auch die Menschen
wieder finden lassen,
die mir im Leben teuer waren
und in deiner Gnade gestorben sind.
Nichts als unermessliches Glück
wird mich dann erfüllen.
Lass mich im Zugehen
auf diese Seligkeit
jetzt schon Freude und Glück
auf Erden verbreiten.
Lass mich so leben,
dass ich anderen
Geschmack auf den Himmel mache.
Amen.

Die kirchliche Druckerlaubnis
wird für die Veröffentlichung erteilt.
Coloniae, die 27 m. Aprilis 2007
Jr. Nr. 106 250 / 90 Stefan Heße vic. Gen. v. g.